PAREM DE ME INTERROMPER

Parem de me interromper

1ª edição: Fevereiro 2025

Autor:
Christian Rôças (Crocas)

Preparação de texto:
Flavia Araujo

Revisão:
Gabriel Silva

Projeto gráfico e diagramação:
Jéssica Wendy

Capa:
Rapha Baggas

Impressão:
Plena Print

DADOS INTERNACIONAIS DE CATALOGAÇÃO NA PUBLICAÇÃO (CIP)

Rôças, Christian
Parem de me interromper : estratégias de comunicação na era da distração / Christian Rôças Crocas.
— Porto Alegre : Citadel, 2025.
224 p.

ISBN 978-65-5047-555-0

1. Comunicação I. Título

25-0419 CDD - 302.2

Angélica Ilacqua - Bibliotecária - CRB-8/7057

Produção editorial e distribuição:

CITADEL Grupo Editorial

contato@citadel.com.br
www.citadel.com.br

CHRISTIAN RÔÇAS
CROCAS

PAREM DE ME INTERROMPER

Estratégias de comunicação na era da distração

CITADEL
Grupo Editorial
2025

AGRADECIMENTOS

À minha mãe que sempre acredita que eu posso.

Às minhas irmãs, tias, primos e sobrinhos que comemoram cada vitória.

À minha avó, que me ensinou o amor aos livros.

Ao Marco, que está sempre ao meu lado.

À Maria Fabriani, minha primeira editora e amiga amorosa.

Ao Nelson Motta, meu amigo mestre.

Ao Gilberto Gil e Flora, pela importância que sempre terão em minha vida.

Ao Leo Netto, que sempre será meu farol.

Aos amigos e amigas que estão sempre por mim.

Ao meu pai, que – se aqui estivesse fisicamente – certamente estaria cheio de orgulho e amor.

SUMÁRIO

PREFÁCIO

POR NELSON MOTTA

Nem os melhores e mais delirantes autores de *science fiction* ousaram imaginar algo parecido com o mundo em que vivemos na era da comunicação e da tecnologia digital. Nem melhor nem pior, apenas diferente, muito diferente de tudo que se conhecia. Um mundo em que a sua atenção é um dos ativos mais valiosos, que são muitas as atrações para usar seu tempo, outro bem de alto valor, porque não pode ser reposto. Mas para ganhar a sua atenção é preciso tirá-la de outro assunto, atraí-la com palavras e imagens, fazê-la demorar-se ali, até a próxima atração. Interrompê-lo. Com mensagens, anúncios, e-mails e outras distrações. Mas ninguém quer ser interrompido, e sim seduzido, encantado, sem ser forçado.

Num mundo em que qualquer um pode ser um "produtor de conteúdo", para o bem e para o mal, seu conteúdo é você mesmo, enganando os trouxas e gastando o tempo alheio, ou estabelecendo novas e valiosas conexões, nunca houve tanta oferta de conteúdo e tanta concorrência pela sua atenção. E no mercado da atenção a questão é dizer algo que vale a pena ouvir, e não de gritar mais alto que todo mundo.

O valor da comunicação através dos tempos, as transformações das mídias e das mensagens, desde o rádio, são o tema deste livro, em que Crocas, com sua experiência e estudos e prática, explora o futuro que vivemos hoje, e busca no passado as raízes da comunicação, desde Marshall McLuhan nos anos 1960: "cada nova tecnologia que chega impacta a sociedade em quatro dimensões: o que ela aprimora, o que torna obsoleto, o que resgata do passado e o que distorce quando levada ao extremo". Ou Walter Benjamin: "a reprodução em massa transforma a arte e a cultura". Aprender com os inovadores que vieram antes de nós, colocar a tecnologia a serviço do humano. Sem interrupções.

INTRODUÇÃO

O mundo nunca foi tão complexo. Estamos cercados por uma quantidade absurda de informações, mídias para todos os gostos, e um tanto de estímulos que competem pela nossa atenção. A verdade é que, por mais que a informação seja acessível e disponível, o que realmente importa – nossa atenção e nosso tempo – nunca foi tão escasso. E, talvez, nunca tenha sido tão valioso.

A gente vive hoje em um período em que qualquer pessoa pode produzir conteúdo. E isso é incrível! Mas também é uma loucura. A cada segundo, milhões de vídeos, áudios, imagens e textos estão sendo jogados na rede e nos meios de comunicação, criando uma avalanche de coisas para ver, ler, ouvir. Não é à toa que chamam isso de **Era da Atenção**, apesar de, ironicamente, ser também a era das distrações. A distração passou a ser um tema relevante, especialmente no que diz respeito à capacidade de concentração, produtividade e equilíbrio entre atividades pessoais e profissionais. Muitas vezes, as distrações são sutis, nos levando a perder tempo sem perceber, o que pode prejudicar o desempenho em tarefas importantes.

Lembra de quando as redes sociais eram só um espaço para nos conectarmos com amigos e jogarmos conversa fora? Isso mudou. Hoje, elas se tornaram espaços em que marcas, criadores, empresas e todo tipo de conteúdo disputam nossa atenção – seja para vender um produto, uma ideia, ou simplesmente para ser notado. Tem muita oferta e uma demanda bem limitada: nosso tempo. E, por isso, cada segundo vale ouro.

Nesse cenário, o desafio não é só para as marcas, mas para todo mundo que está tentando ser notado. Como você se destaca sem ser o chato da festa? Como se faz presente sem se tornar aquele "penetra" que ninguém quer ali?

É aí que mora a questão. A avalanche de mensagens – anúncios, e-mails, notificações – fez da interrupção o padrão. E o pior é que, mesmo com todas as novas tecnologias, a maioria ainda insiste nesse velho truque de "interromper". Como se a atenção das pessoas pudesse ser capturada à força, sem que elas queiram. O problema é que a gente não quer ser interrompido, não é? A gente quer ser conquistado. Quer ser envolvido, quer ser encantado.

E aí vem a pergunta: **será que precisa ser assim?** Será que o único caminho para obter atenção é interromper?

A resposta está na inovação – mas não só aquela inovação que a gente vê nas notícias de tecnologia, nas grandes feiras. A inovação pode vir do olhar para o futuro, mas também deveria vir do passado. Daquelas ideias que, lá atrás, já mostraram como captar a atenção das pessoas sem forçar a barra.

O passado como rota para o futuro

Se a gente voltar no tempo e olhar com atenção, vamos ver que cada época encontrou um jeito de resolver seus desafios de comunicação. Quando a novela saiu do rádio e foi para a TV, ela teve que se adaptar, criar uma narrativa visual, emocional. Quando o vôlei mudou suas regras para se adaptar aos tempos da TV, fez isso pensando na audiência, em manter o ritmo e a emoção. O mesmo aconteceu quando as apresentações de rock dos anos 1950 ganharam uma pegada diferente, ao se ajustar às novas mídias da época encantando multidões.

Esses exemplos são lições de adaptação. São formas de se conectar com o público sem gritar, sem forçar. Porque a atenção é preciosa. O rádio já entendeu isso. A TV, nos seus bons momentos, também (até) sabe fazer isso. E agora a gente precisa aprender de novo.

Marshall McLuhan, lá nos anos 1960 e 1970, trouxe uma visão brilhante sobre como as novas mídias moldam nossa vida. Ele desenvolveu a Tétrade, ou as Quatro Leis da Mídia, uma forma de entender como cada nova tecnologia que chega impacta a sociedade em quatro dimensões: o que ela aprimora, o que torna obsoleto, o que resgata do passado e o que distorce quando levada ao extremo.

Pense na inteligência artificial, por exemplo. Ela melhora nossa capacidade de análise, automatiza tarefas, aumenta a eficiência. Mas, ao mesmo tempo, torna obsoletos muitos trabalhos e funções que antes dependiam da gente, da capacidade humana. Por exemplo, traduções literárias, criações de ilustrações e obras de arte. A IA também resgata aquele atendimento mais personalizado, algo que parecia perdido na era digital, ao oferecer experiências sob medida. Mas, se exagerarmos no uso, ela pode se tornar uma faca de dois gumes; podemos enfrentar problemas como a perda da privacidade, a dependência tecnológica e até a erosão da confiança. McLuhan nos ajuda a ver o quadro completo, enxergar os benefícios, os riscos e, principalmente, lembrar que toda tecnologia traz impactos positivos e negativos. Cabe a nós fazer dela o melhor uso possível.

Então, a minha proposta é: vamos olhar para o passado para entender o presente e encontrar caminhos e alternativas que não só capturem a atenção das pessoas, mas que façam isso de forma autêntica, envolvente, contínua e que não quebre o encanto do momento que está sendo vivido.

Aprender com quem veio antes

No centro dessa jornada está o desafio de equilibrar a tecnologia com as necessidades humanas. E, olha, isso não é um problema novo. Já passamos por isso várias vezes na história da comunicação, e sempre houve aqueles que souberam se adaptar sem precisar interromper ou quebrar o fluxo.

Essas pessoas são nossos guias. Gente como Marshall McLuhan, que nos mostrou que o meio é tão importante quanto a mensagem; Walter Benjamin, que entendeu como a reprodução em massa transformava a arte e a cultura; e Édouard Glissant, que falou sobre a mestiçagem cultural e a complexidade das identidades na era global. Eles enfrentaram as transformações do rádio, da TV, do cinema e tiraram grandes lições disso.

Também temos Susanne Langer, que nos ensinou o valor dos símbolos e das emoções na comunicação, e Frantz Fanon, que desvendou os impactos psicológicos do colonialismo e nos fez enxergar como a comunicação pode ser usada tanto para emancipar quanto para oprimir. Além deles, figuras como Gilberto Gil, meu mestre, com quem tive a oportunidade de trabalhar, que traz uma nova visão sobre cultura digital e liberdade, e Hermano Vianna, que legitima a cultura popular nas mídias de massa, mostram como é possível transformar e elevar as vozes antes marginalizadas.

Essas histórias e as escolhas que essas personalidades fizeram podem nos ajudar a rever os problemas de hoje. Porque a questão não é sobre usar ou não a tecnologia. A questão é como a gente usa a tecnologia para contar boas histórias e criar conexões verdadeiras. Assim como Stuart Hall mostrou que a interpretação do público é tão importante quanto a intenção da mensagem, a gente precisa lembrar que a inovação só faz sentido se gerar impacto real, ressoar verdadeiramente com as pessoas. O meio importa, e é com esse olhar que precisamos usá-lo a nosso favor, sem forçar a barra, mas criando algo que conecte de fato.

Parem de me interromper

Parem de me interromper não é só o título deste livro. É um pedido genuíno, quase um desabafo. É sobre como, ao longo da história, a gente aprendeu a criar narrativas que respeitam as pessoas, que não invadem sem serem chamadas. A proposta é fazer uma viagem pelo tempo, revisitar as histórias que nos trouxeram até aqui, e entender como podemos melhorar – não só técnica, mas humanamente.

O passado tem muito a nos ensinar. Ele nos mostra que a chave para a comunicação está na inovação, na capacidade de se adaptar e, acima de tudo, no respeito pela audiência. Já deu para perceber que dá, sim, para construir agora um futuro em que a comunicação flui sem interrupções forçadas. Em que conquistar a atenção é questão de dizer algo que vale a pena ouvir, e não de gritar mais alto que todo mundo.

A jornada começa aqui. Vamos juntos redescobrir o poder de uma boa história e aprender com os inovadores que vieram antes de nós – aqueles que mostraram que é possível ser ouvido sem precisar atropelar ninguém. Porque, no final das contas, talvez o futuro da comunicação esteja em coisas que a gente já sabia, mas das quais, no meio do caos das interrupções, acabamos nos distraindo e esquecendo de colocar em prática.

Boa leitura!

Capítulo 1

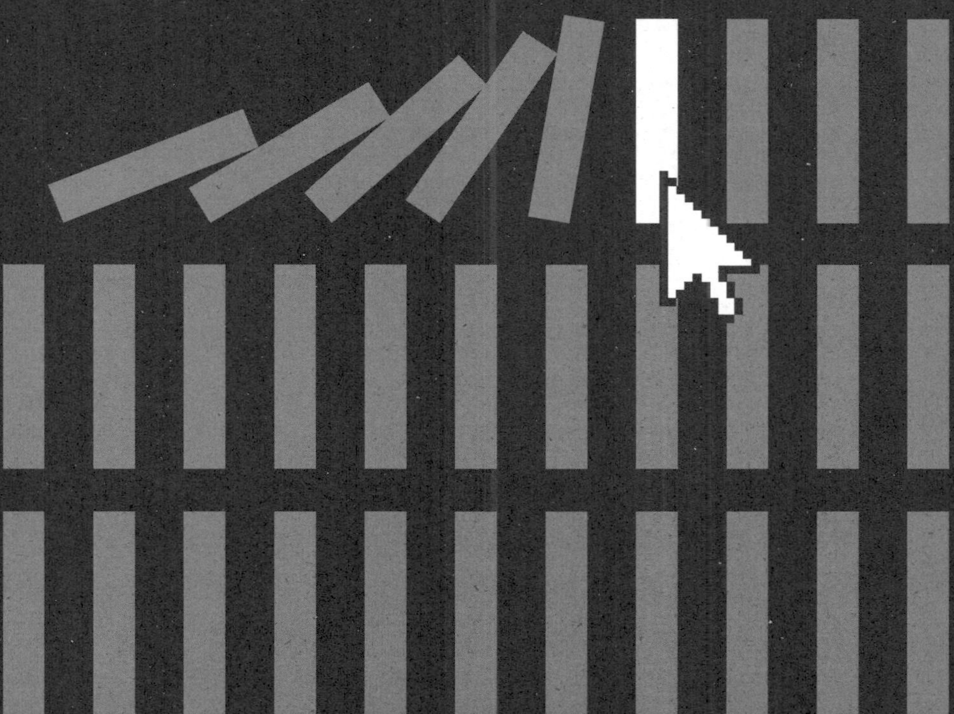

NINGUÉM AGUENTA MAIS TANTA INTERRUPÇÃO

Já pensou em quantas vezes você foi interrompido hoje? Talvez tenha sido durante o café da manhã, enquanto mensagens pipocavam na tela do seu celular e você deixava sua bebida esfriar para checá-las e respondê-las. Ou enquanto assistia a um vídeo nas redes sociais e um anúncio interrompeu a história no meio para oferecer um produto que não era do seu interesse e você clicou no lugar errado para fechar aquela janela indesejada e não conseguiu mais voltar ao que estava assistindo. Ou ainda, quando você enviava uma mensagem de áudio para seu amigo e seu celular tocou (que coisa antiga e invasiva!) e você teve que jogá-la fora e começar tudo de novo!

Estamos em um modo de vida em que há distrações constantes. Se no passado nossa atenção era dispersa entre conversas com colegas de trabalho, o telefone que tocava, sons da rua e uma urgência que tínhamos que atender, hoje ela é disputada por inúmeras notificações digitais que nos chamam a todo momento, como convites irrecusáveis.

A FORÇA DA NARRATIVA IMERSIVA

A luta pela atenção não é nova. Ela pode parecer intensificada pelas telas e algoritmos de hoje, mas a batalha pela atenção tem raízes muito mais profundas. A história da comunicação de massa é a história de como diferentes meios de tecnologia tentaram capturar nossa atenção ao longo do tempo. Desde as praças públicas da Roma Antiga, nas quais os oradores buscavam conquistar multidões, até os jornais impressos do século 19, passando pelas ondas do rádio e, mais recentemente, pela televisão, sempre houve uma luta para se conseguir capturar o tempo e o foco do interesse das pessoas.

Um alto volume de interrupções pode prejudicar a produtividade, aumentar o estresse e dificultar a conclusão de tarefas importantes. Por isso, é fundamental desenvolver estratégias para minimizar interrupções desnecessárias e proteger o tempo dedicado a atividades significativas e prioritárias.

Um estudo conduzido pela empresa americana de tecnologia RescueTime descobriu que as pessoas verificam seus smartphones em média 58 vezes por dia e seus e-mails em média 15 vezes por dia, gastando 96 segundos em cada verificação. Eles também passam 31 minutos diários em reuniões improdutivas.

Outro estudo realizado pela Universidade da Califórnia, em Irvine, descobriu que, em média, os trabalhadores de escritório são interrompidos a cada três minutos. Isso significa que eles podem ser interrompidos até vinte vezes por hora ou mais de cem vezes durante um dia de trabalho típico de oito horas, e isso inclui telefonemas, e-mails, mensagens instantâneas, conversas com colegas e outras distrações no ambiente de trabalho.

Na década de 1930, o rádio era o meio de comunicação mais poderoso da época. Ele havia mudado drasticamente a maneira como as pessoas consumiam informações. E a confiança depositada nesse meio de comunicação era quase total. As famílias se reuniam ao redor do aparelho para ouvir as notícias e para se conectar com o mundo. Foi a era de ouro das transmissões de rádio. Quando o rádio falava, todos paravam para ouvir.

Outra pesquisa conduzida pela Universidade de Michigan descobriu que os estudantes universitários são interrompidos em média onze vezes por hora enquanto estudam. Essas interrupções podem incluir notificações de smartphones, mensagens de texto, pensamentos distrativos e interações com colegas ou familiares.

Quer você trabalhe remotamente ou em um escritório, não há nada pior do que estar em um estado profundo de fluxo e ser interrompido. A interrupção pode durar apenas alguns segundos, mas o efeito colateral muitas vezes leva muito tempo para ser removido. Não se trata apenas da perda de tempo, ou mesmo da frustração absoluta de ser interrompido. Há também um enorme impacto na receita da empresa quando você começa a somar todas essas interrupções no mundo profissional.

Foi nesse contexto que, em 30 de outubro de 1938, Orson Welles utilizou o poder imersivo do rádio de uma maneira que mudaria para sempre a comunicação de massa. O evento que ficou conhecido como "A guerra dos mundos" não apenas capturou a atenção da audiência de forma magistral, como também demonstrou o imenso poder que uma narrativa bem construída pode ter para manipular as emoções e o comportamento das pessoas.

A *era da distração* é um termo frequentemente usado para descrever a época atual, em que somos constantemente bombardeados por estímulos, informações e distrações que competem pela nossa atenção. Nessa era, a tecnologia desempenha um papel em que os dispositivos tecnológicos se tornaram partes integrantes da nossa vida diária. Ou, como reforçaria McLuhan, extensões do nosso corpo.

Estamos conectados constantemente à internet e aos nossos celulares, o que nos expõe a uma inundação permanente de informações e notificações. Muitas vezes, realizamos várias tarefas ao mesmo tempo, pulamos de uma atividade para outra rapidamente, geralmente sem conseguir terminá-las, o que leva a uma fragmentação da nossa atenção e à falta de foco. O tempo, todos sentimos, escorre entre os nossos dedos. As 24 horas do dia parecem, hoje, durar 16.

Recebemos notificações de mensagens, e-mails, redes sociais e de diversos aplicativos que interrompem constantemente nossas atividades e pensamentos.

Nosso consumo de mídia está cada vez mais pulverizado, e as pessoas pulam rapidamente entre diferentes plataformas e conteúdos. As redes sociais incentivam a comparação constante, e o medo de perder algo ou Fomo (do inglês *Fear of Missing Out*) leva as pessoas a gastarem mais tempo on-line em busca de validação e conexão social. A capacidade de concentração e atenção plena está diminuindo cada dia mais. É uma luta se concentrar em uma única tarefa por períodos prolongados.

Estamos viciados em gotas de dopamina, que vem fragmentada a cada vez que ganhamos um like, um comentário positivo, um compartilhamento de conteúdo, uma indicação. Ela pode vir também por assistirmos a um vídeo curto ou até por ganharmos uma partida de joguinho cada vez que sentimos um momento de microtédio. E, como viciados, não paramos de recorrer a essa gratificação, e isso acontece inúmeras vezes ao dia.

No período em que Welles fez sua transmissão, o mundo estava se recuperando da Grande Depressão. Os efeitos da crise econômica ainda eram sentidos por milhões de pessoas ao redor do globo. Os Estados Unidos, em especial, estavam buscando maneiras de reconstruir sua economia, e o rádio se mostrou como uma ferramenta poderosa para comunicar mensagens de esperança e conectar o público. O aparelho era a voz do governo, das marcas e das celebridades. Mais que isso, ele representava a chegada de um novo tipo de comunicação: direta, imediata e íntima.

Essa era da distração apresenta desafios significativos para nossa saúde mental, produtividade e bem-estar geral. A constante exposição a estímulos pode levar a esgotamento, ansiedade e dificuldade em lidar com o estresse. Como resultado, muitas pessoas buscam maneiras de encontrar um equilíbrio saudável entre o uso da tecnologia e o tempo desconectado, assim como técnicas para melhorar a concentração e a atenção plena, ou simplesmente como vencer o vício nas telas.

Mas, para quem trabalha com marcas, conteúdos e branding, o desafio é maior ainda!

A disputa pela atenção do consumidor nos anos 1950 era significativamente diferente da que enfrentamos nos anos 2010 em diante, principalmente por causa das mudanças na tecnologia, na mídia e no comportamento de todos como consumidores.

> Antes do rádio, o principal meio de comunicação de massa era o jornal impresso. As pessoas consumiam notícias que já chegavam "frias", muitas vezes com dias de atraso. Mas o rádio mudou isso radicalmente. Ele trouxe a sensação de que o mundo estava acontecendo naquele exato momento. Era o prenúncio de uma era de comunicação instantânea, algo que transformou profundamente a maneira como as pessoas se relacionavam com a informação.

Na década de 1950, a mídia tradicional, como rádio, televisão, jornais e revistas, dominava o cenário da comunicação. As marcas concentravam seus esforços de publicidade nessas plataformas. A publicidade era predominantemente unilateral, e as marcas enviavam mensagens aos consumidores por meio de anúncios impressos, comerciais de TV e rádio, sem muita interação direta. Elas tinham mais controle sobre suas mensagens publicitárias, pois podiam escolher onde e quando as exibir, com menos interferência externa. Havia menos canais de comunicação disponíveis, o que resultava em menos competição pela atenção do público.

Naquela época, a confiança no rádio tornou-se inabalável. Cerca de 40% das famílias americanas possuíam um rádio em casa, e ele era considerado uma fonte de informação quase sagrada. Para a maioria da população, o rádio era um veículo confiável e imparcial. Quando um boletim de notícias interrompia a programação normal, as pessoas prestavam atenção imediatamente. Era sinal de que algo muito importante seria transmitido.

A partir dos anos 2010, a ascensão da internet e das redes sociais transformou completamente o cenário da comunicação. As marcas passaram a competir pela atenção do consumidor em uma variedade de plataformas digitais, como Facebook, Instagram, X, YouTube, TikTok, entre outras. A comunicação passou a ser mais bidirecional, com os consumidores tendo a capacidade de interagir diretamente com os anunciantes por meio de comentários, mensagens, avaliações e compartilhamentos. Com a fragmentação da audiência em tantos canais, as marcas começaram a enfrentar o desafio de alcançar e engajar seu público-alvo em um ambiente cada vez mais diversificado. As marcas/empresas não estavam acostumadas com meios que permitiam conversas diretas, críticas na frente de todo mundo. Antes o monólogo reinava e as críticas (ou elogios) eram feitos em canais privados.

E foi exatamente isso que Orson Welles utilizou a seu favor. No Halloween de 1938, ele transformou o rádio, esse meio confiável, em uma ferramenta de narrativa tão convincente que acabou causando pânico em massa. Ao transmitir uma versão adaptada do livro *A guerra dos mundos* (1898), de H. G. Wells, ele usou as convenções do rádio para criar um drama realista de uma invasão alienígena, fazendo com que milhões de pessoas acreditassem que o planeta estava sob ataque real.

Com a proliferação de conteúdo on-line, a publicidade passou a enfrentar uma concorrência ainda maior pela atenção do consumidor, o que resultou em um aumento do ruído digital e na necessidade de estratégias mais criativas e impactantes para se destacar.

Estatísticas de interrupções no trabalho

Um relatório divulgado pelo instituto de pesquisas Next Work Innovation, um *think tank* alemão, destacou as estatísticas de interrupções no trabalho. O estudo apurou que, somadas, as interrupções custam às empresas em todo o mundo cerca de 58 bilhões de euros por ano. Em comparacão, a Netflix deve investir cerca de 3,6 vezes menos em conteúdo, 16 bilhões de euros, segundo a TelecomLead.

E não se trata apenas de interrupções de e-mails, colegas de trabalho, chamadas telefônicas ou outros suspeitos habituais. Os participantes do estudo também passaram o equivalente a um dia e meio em reuniões por semana e tentaram realizar várias tarefas ao mesmo tempo pelo menos duas vezes por hora. Esse estado constante de fluxo geralmente leva à falta de foco e eficiência, além de sobrecarga e estresse.

> O que Welles fez foi muito mais do que uma simples leitura de um livro. Ele manipulou habilmente a estrutura do rádio para contar sua história de maneira que o público não percebesse que estava ouvindo uma ficção. O programa foi apresentado como uma série de boletins de notícias, interrompendo a programação normal para relatar a chegada de alienígenas à Terra. Não houve uma pausa, uma introdução ou qualquer alerta de que aquilo era apenas uma dramatização de uma história ficcional, uma linguagem e um gênero ainda não escutados em nenhum programa de rádio. Ali, até então, era um espaço exclusivo para notícias.

A análise também constatou que, para cada interrupção de um funcionário, isso adicionava de 15% a 24% a mais de tempo à tarefa, dependendo da complexidade. Mesmo de forma conservadora, considerando esse valor de 15%, isso representa uma média de três dias inteiros de trabalho por mês perdidos exclusivamente por causa das interrupções.

A imersão foi total. Havia sons de explosões, gritos, sirenes e vozes de pessoas tremendo de medo, que tornaram a narrativa completamente verossímil. Os ouvintes, pessoas que já estavam acostumadas com a interrupção de transmissões para boletins reais de notícias – especialmente após as tensões da Primeira Guerra Mundial –, acreditaram plenamente que tudo aquilo era verdade e que acontecia em tempo real.

O estudo não identificou um culpado principal pelas interrupções, mas uma verdadeira mistura de influências.

Os participantes descobriram que seu trabalho é interrompido com mais frequência por e-mails, em média 3,3 vezes por hora. No entanto, os aplicativos de bate-papo não ficaram muito atrás e, embora muitos aplicativos de mensagens tenham sido projetados para tornar a comunicação mais eficiente, eles estão sendo usados principalmente de forma reativa, em vez de "deixar uma mensagem" para os colegas atenderem em um momento em que não estejam ocupados.

As reuniões on-line se tornaram um dos pilares da nossa cultura de trabalho após a pandemia, mas são um grande ponto de discórdia para muitos quando se trata de produtividade. Com tantas reuniões sendo consideradas "obrigatórias", o estudo descobriu que muitas pessoas concordaram em participar apenas para manter as câmeras desligadas e trabalhar em outras tarefas ao mesmo tempo. Nem a reunião nem as tarefas de trabalho recebem toda a atenção do indivíduo, o que pode levar a erros, pressa e falta de foco em geral.

Cerca de 12 milhões de pessoas estavam sintonizadas naquela noite. Aproximadamente 1,2 milhão acreditou que a invasão alienígena era verdadeira. E não foi só uma crença momentânea. Centenas de pessoas abandonaram suas casas, trancaram portas, pegaram armas e fugiram para áreas rurais. A polícia e os hospitais foram inundados com chamadas telefônicas de pessoas aterrorizadas. O pânico foi generalizado, e o impacto disso foi profundo. O evento marcou a história da comunicação de massa, mostrando o poder avassalador de uma narrativa bem contada pelo meio certo, no momento certo, do jeito certo.

A escassez de atenção

A atenção é um recurso neurológico limitado e essencial para o funcionamento adequado do cérebro. A psicologia da atenção estuda vários fenômenos relacionados a ela, mostrando que há duas formas bem diferentes de atenção: uma espontânea e natural, e outra voluntária e artificial.

Se considerarmos uma pessoa adulta, sadia, de inteligência normal, o mecanismo mais comum de sua vida mental consiste em um contínuo ir e vir de eventos internos, com sensações, sentimentos, ideias e imagens que se associam ou se repelem de acordo com a paisagem psicológica de cada um. A atenção artificial é a interrupção momentânea desse desfile contínuo de eventos mentais para que o cérebro se concentre em um único objeto.

Na atenção espontânea, o objeto da atenção tem apelo por seu poder intrínseco, interno. Na atenção artificial, o poder do objeto de capturar a atenção da pessoa é externo, ou seja, acrescentado, não natural. Seu objetivo não é mais determinado pelo acaso ou pelas circunstâncias, mas é intencional, e a pessoa vai se adaptando a ele.

O processo pelo qual a atenção artificial se estabelece pode ser reduzido a esta única fórmula: tornar-se atraente por algum artifício, algo que não é naturalmente foco de atenção da pessoa, que passa a atribuir um interesse artificial às coisas que não possuem um interesse natural.

> É importante entender que essa experiência aconteceu em um momento de grande incerteza econômica e social. O rádio, além de ser uma ferramenta de entretenimento e informação, era também um veículo de confiança em tempos de crise. As pessoas estavam emocionalmente vulneráveis, procurando certezas e segurança. Isso amplificou o impacto da transmissão de *A guerra dos mundos*.

A complexidade dos tempos atuais também está em conseguir a atenção de um cérebro que está funcionando mais rápido. Isso porque o tempo que as pessoas demoravam para absorver uma determinada quantidade de informação mudou.

Um estudo publicado na revista *Attention, Perception, and Psychophysics*, feito por uma equipe de neurocientistas do Massachusetts Institute of Technology (MIT), descobriu que o cérebro humano pode processar imagens inteiras vistas pelo olho humano em apenas treze milissegundos. Essa velocidade é muito mais rápida do que os cem milissegundos sugeridos por estudos anteriores. Os pesquisadores pediram aos participantes do estudo que procurassem um tipo específico de imagem, como “piquenique” ou “casal sorridente”, enquanto visualizavam uma série de seis ou doze imagens, cada uma apresentada entre treze e oitenta milissegundos.

A sociedade americana ainda estava se recuperando da Grande Depressão dos anos 1930. O rádio tinha se consolidado como um meio acessível de comunicação em massa, especialmente porque os jornais e outras formas de mídia eram mais difíceis de consumir. O governo, sob a liderança de Franklin D. Roosevelt, estava implementando o New Deal, uma série de políticas econômicas para tentar reviver a economia. O rádio foi essencial para transmitir essas políticas e restaurar a confiança do público. Assim, o público estava acostumado a depender do rádio para se conectar ao governo e ao mundo.

Segundo Mary Potter, professora de ciências cerebrais e cognitivas do MIT e autora sênior do estudo, a capacidade de conseguir processar imagens em altas velocidades nos indica que o trabalho da visão é encontrar conceitos. É isso que o cérebro faz o dia todo: tenta entender o que estamos vendo.

A função dos olhos não é apenas levar a informação para o cérebro, mas permitir que o cérebro pense sobre ela com rapidez suficiente para saber o que deve olhar a seguir. Então, em geral, estamos calibrando nossos olhos para que eles se movam com a maior rapidez possível, de acordo com a compreensão do que estamos vendo. Depois que compreendemos algo, escolhemos ou continuar prestando atenção naquilo ou mudar o foco da atenção.

O filósofo e psicólogo norte-americano William James já tinha concluído em 1890 que a atenção está ligada à escolha. Segundo ele, atenção é a tomada de posse, pela mente, de forma clara e vívida, de um dentre vários objetos ou linhas de pensamento simultâneas; implica o desligamento de algumas coisas para lidar com outras.

> O impacto cultural e social de Welles não foi apenas o pânico momentâneo que ele causou. Sua transmissão revelou a fragilidade do público em relação às novas tecnologias e como elas podem ser usadas para manipular percepções. Mais do que isso, expôs uma verdade sobre a comunicação de massa: o público, quando emocionalmente envolvido, tende a aceitar sem questionar.

Já o psicólogo britânico Donald E. Broadbent (1926-1993) explicou, em 1958, sua Teoria do Gargalo, que diz que as pessoas têm uma quantidade limitada de recursos de atenção para usar de uma só vez. Sendo assim, as informações que recebemos são filtradas para percebermos apenas o que é considerado mais importante e que está em destaque.

Se a nossa compreensão pelo cérebro está mais rápida, a velocidade com que nos conectamos e desconectamos de algo também está. O nosso cérebro é tão ávido, tão faminto por informação, que ele quer consumi-la sem parar – e o estímulo que temos hoje é cada vez maior.

O que Orson Welles fez naquela noite foi redefinir o poder do rádio. Ele demonstrou que, se usada de maneira inteligente, a narrativa poderia manipular a audiência sem que fosse necessário interrompê-la de maneira forçada. Ele usou a confiança já estabelecida no meio para guiar as emoções das pessoas, criando uma experiência em que a interrupção não foi percebida como incômoda, mas como parte essencial da narrativa.

Esse é um dado importantíssimo para quem produz conteúdo, pois, se não tomarmos cuidado com a maneira de apresentá-lo, a atenção da audiência se perderá. E não há nada mais inconveniente do que uma interrupção para provocar isso. Em um território com disputa acirrada por atenção, é o conteúdo que precisa se adaptar para ser atraente, respeitando o meio e o momento em que pode ser consumido.

Mas percebe que, mesmo uma narrativa imersiva, quando usada no contexto errado, é sentida como incômoda, irritante e mal encaixada? E que a experiência é péssima?

Ninguém aguenta mais tanta interrupção!

Capítulo 2

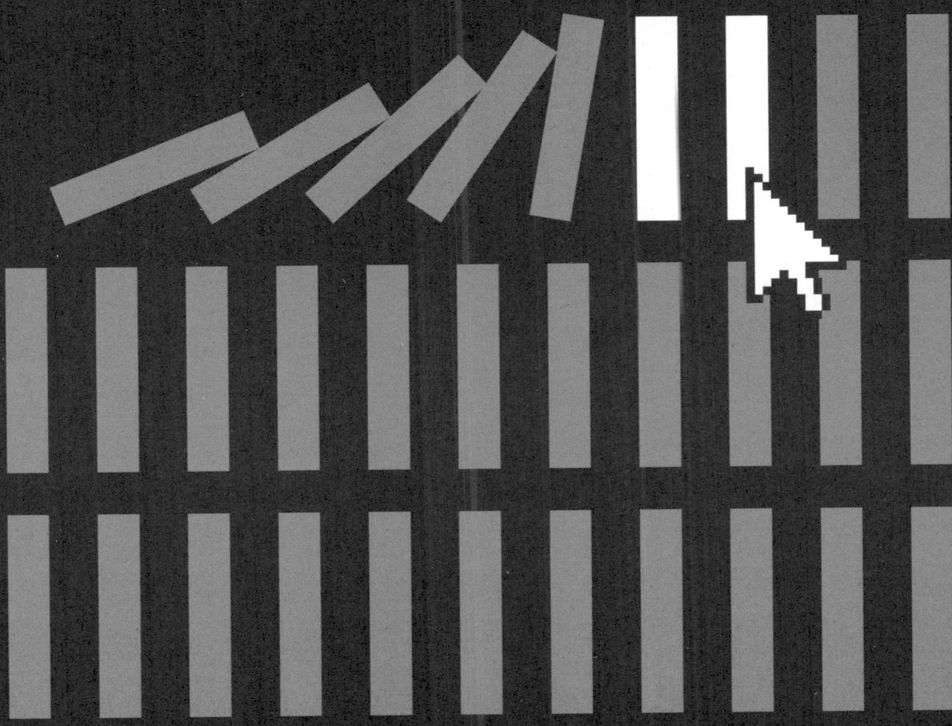

AS MÍDIAS E A ATENÇÃO AO LONGO DO TEMPO 1: DA ANTIGUIDADE AO RÁDIO

Desde os tempos antigos, a atenção sempre foi uma das moedas mais valiosas do ser humano. Dominar a arte de capturar o foco de concentração de olhares e ouvidos das massas sempre significou controlar a narrativa e, por consequência, o poder político e social de um povo ou de um lugar.

A comunicação, desde o início, foi construída sobre o fundamento da fluidez e da conexão humana, e as mudanças das mídias ao longo dos séculos apenas reforçaram essa realidade. No decorrer da evolução da tecnologia, a disputa por nossa atenção se adaptou aos meios de comunicação vigentes. Seja pela voz do orador, pela criação revolucionária da imprensa ou através da chegada do rádio e TV e depois da internet, o controle da atenção sempre foi o centro da comunicação em massa.

Mas, diferentemente de hoje, em muitos dos momentos em que a comunicação de massa foi usada, não havia interrupções constantes. Na era pré-digital, obviamente, não havia notificações, comerciais ou interrupções on-line como hoje. Ainda assim, o desafio sempre foi o mesmo:

envolver, emocionar e não cortar abruptamente o que estava acontecendo, para não tirar o foco da narrativa e da mensagem a ser transmitida.

A oratória romana: a arte de envolver sem forçar

Na Roma Antiga, o Fórum era o palco central da vida pública. Era ali, no coração da cidade, que líderes políticos, senadores, advogados e oradores moldavam o destino do império e da sociedade romana. Imagine o Fórum: ruídos de comerciantes, o som da multidão, debates simultâneos, execuções acontecendo ao fundo. Era caos. Em meio a isso, um orador precisava capturar e manter a atenção de todos.

Grandes oradores, como Cícero e Júlio César, precisavam não só ser eloquentes, mas saber prender a atenção das massas por longos períodos para conseguir transmitir suas mensagens e discursos. O que eles sabiam – e que muitos comunicadores modernos ainda precisam aprender – é que gritar mais alto ou interromper com força uma multidão raramente é eficaz.

Cícero era um mestre nessa arte. Ele sabia que a atenção não se conquista no grito, e sim na construção cuidadosa de uma narrativa. Ele usava pausas dramáticas, variações no tom de voz, metáforas que faziam a imaginação do público voar. Ele criava momentos em que a multidão prendia o fôlego – não porque estava tentando chocar, mas porque ele havia conquistado a conexão emocional com seu público. Era a oratória no seu estado mais puro: o domínio do ritmo e do fluxo. Essa habilidade tinha impactos profundos não só no plano político, mas também no econômico. Cícero e outros grandes oradores entendiam que capturar a atenção do público significava influenciar decisões que moldavam a vida econômica de Roma.

Assim, não é surpresa que grandes mestres da oratória, como Cícero, se tornassem figuras influentes no cenário político. Suas habilidades retóricas eram comparáveis às de um(a) moderno(a) CEO que conduz uma grande apresentação pública – ele não podia falhar em capturar a audiência. Ele tinha total ciência de que quando alguém subia ao púlpito para falar, capturar a atenção de centenas de pessoas podia ser a chave para a sua ascensão. Ou, caso falhasse, para a sua queda.

Gutenberg, a imprensa e a revolução da atenção

Pulando alguns séculos, chegamos a uma das revoluções mais impactantes na história da comunicação: a invenção da imprensa por Johannes Gutenberg, no século 15. Antes disso, os livros eram artigos de luxo, copiados à mão por monges copistas e reservados para as elites educadas. O conhecimento era elitista por natureza – restrito a quem tinha tempo e dinheiro para acessá-lo.

Gutenberg mudou o jogo. A invenção da prensa tipográfica democratizou o conhecimento de uma forma sem precedentes. Mais do que uma revolução tecnológica, foi uma transformação social, que molda o mundo até hoje. Quando o papel passou a ser o veículo das ideias, o saber rompeu essas barreiras.

O medo que muitos tinham não era infundado. A democratização do conhecimento desafiava o status quo, ameaçando o controle das instituições sobre o pensamento coletivo. E isso continua até hoje: o mesmo poder de disseminar informações rapidamente, que começou com a prensa móvel, evoluiu para a internet e as redes sociais. Gutenberg não apenas imprimiu palavras; ele inaugurou a era da circulação livre de ideias, algo que seguimos presenciando, para o bem e para o mal, em nossas sociedades hiperconectadas.

Mas houve outra inovação que muitas vezes é ignorada: a numeração das páginas. Parece algo trivial hoje, mas isso revolucionou a maneira como nos comunicamos por escrito. Pela primeira vez, leitores de diferentes partes do mundo ou da mesma roda da sociedade podiam discutir os mesmos trechos de um livro, criar referências, gerar discussões que não eram mais lineares. O livro deixou de fazer parte de um ato solitário e passou a ser um instrumento de diálogo. Isso ajudou a transformar a leitura em um ato mais colaborativo, mais comunitário.

E o impacto econômico dessa revolução foi imenso. Livros que antes custavam o equivalente ao salário de um ano de trabalho se tornaram acessíveis, fato que mudou a dinâmica da educação e da política europeia. O conhecimento se tornou replicável e acessível, e o controle da narrativa, algo mais disputado e, ao mesmo tempo, mais descentralizado.

O jornal e a pirâmide invertida de notícias

O jornal sempre foi uma mídia de massa. No seu início, porém, era uma arte de longos discursos, com textos ricos em detalhes. Muitos floreios literários, textos longuíssimos e cheios de estilo eram o padrão de escrita do jornalismo em todo o mundo. Era preciso ler um artigo inteiro para descobrir o que havia acontecido. Havia muita opinião em meio à informação.

Porém, no meio do caos da Guerra Civil Americana, que ocorreu de 1861 a 1865, surgiu uma nova técnica de escrita: a pirâmide invertida. Essa técnica dizia que o título deveria chamar a atenção do leitor, e no primeiro parágrafo, o *lead*, (ou lide, aportuguesado), deveria constar o mais importante da notícia, respondendo *o quê, quem, quando, como, onde e por quê*, e só depois, no corpo da notícia, é que viriam as informações mais detalhadas.

Pirâmide invertida

As primeiras informações recebidas por telégrafo e enviadas por profissionais cobrindo o acontecimento *in loco* tinham prioridade. Isso não foi apenas uma inovação jornalística, mas uma resposta às urgências da época.

Repórteres estavam em uma corrida contra o tempo, na qual a interrupção das linhas telegráficas era iminente, e cada transmissão podia ser a última. Para garantir que as notícias mais importantes chegassem, eles inverteram a lógica tradicional da escrita: primeiro o essencial, depois os detalhes. A pirâmide invertida era uma forma de resistência, garantindo

O salto na alfabetização entre os séculos 19 e 20 foi impulsionado por profundas mudanças sociais, econômicas e culturais. No início do século 19, a maior parte da população europeia era analfabeta, com taxas de alfabetização de 10% a 20%.

A Revolução Industrial desempenhou um papel crucial ao criar a demanda por uma força de trabalho mais instruída, capaz de operar novas tecnologias e adaptar-se às complexidades da produção industrial. Ao lado disso, a urbanização trouxe a necessidade de integrar mais pessoas ao sistema produtivo, e a alfabetização tornou-se uma ferramenta para essa mobilidade social.

Culturalmente, com o avanço das ideias democráticas e liberais, a leitura passou a ser vista como um meio de participação cívica e política. Essa combinação de fatores levou os governos a implementarem a educação pública gratuita, e em países como França e Alemanha as taxas de alfabetização subiram de cerca de 30%-40% no início do século 19 para 80%-90% no final do mesmo século.

Outro fator decisivo para esse aumento foi a demanda crescente por consumidores de comunicação de massa. O desenvolvimento de tecnologias de impressão mais baratas e eficientes permitiu a produção em larga escala de jornais, revistas e livros, o que criou a necessidade de um público leitor ampliado e mais consumidores.

As empresas de mídia, políticas e comerciais passaram a depender de uma população alfabetizada para expandir seus mercados e disseminar ideias. Assim, a educação pública não só preparava trabalhadores mais qualificados como também formava novos consumidores para a emergente sociedade de consumo capitalista e fortalecia as democracias. Essa aceleração da alfabetização foi crucial para a criação de um público engajado e participativo, o que ajudou a moldar as bases da comunicação de massa e do consumo cultural que impactam o mundo até hoje.

que, mesmo com a interrupção, a mensagem mais relevante fosse recebida.

A história da pirâmide invertida é um retrato vivo de como as demandas sociais e tecnológicas moldam a maneira como consumimos informação. Com a pirâmide, o estilo jornalístico transformou-se. De uma comunicação esculpida para o deleite de poucos intelectuais, tornou-se uma ferramenta funcional, construída para informar o máximo de pessoas no menor tempo possível.

Essa mudança não foi apenas estilística, mas refletiu o espírito de uma sociedade que vivia uma revolução: o surgimento das cidades industriais, o crescimento da imprensa e a voracidade por atualizações rápidas. A pirâmide invertida espelhou o ritmo acelerado da era moderna. A industrialização não transformou apenas fábricas e transportes, mas moldou a maneira como as pessoas consumiam conhecimento.

Na virada do século 19 para o 20, com o aumento da alfabetização e a disseminação dos jornais, a pirâmide invertida tornou-se o coração do jornalismo.

À medida que as cidades cresciam e o ritmo da vida urbana se acelerava, a pirâmide invertida se encaixava perfeitamente no perfil do leitor moderno. Trabalhadores em fábricas, comerciantes nas ruas, passageiros dos bondes – todos precisavam estar informados, mas nenhum deles tinha o luxo do tempo. O frenesi das ruas movimentadas, o transporte público lotado, o barulho das máquinas – a pirâmide invertida refletia essa pressa moderna, organizando a informação para que o leitor pudesse absorver a essência rapidamente.

Além disso, essa técnica representou uma democratização da informação. Antes restritas à elite educada, as notícias se tornaram mais acessíveis, diretas e objetivas. A pirâmide invertida foi um veículo que levou o conhecimento a mais pessoas, e seu impacto cultural não pode ser subestimado. Ela simbolizou a transição de uma sociedade elitista para uma era em que a informação deveria ser acessível a todos. Era o fim da exclusividade intelectual e o nascimento de um novo público consumidor de notícias.

O passado ensinando o presente

Do ponto de vista econômico, a pirâmide invertida foi uma bênção para as publicações da época. Em um ambiente competitivo, em que os jornais disputavam quem transmitia as notícias primeiro, essa técnica oferecia uma vantagem clara: a possibilidade de cortar a matéria de baixo para cima, sem perder o que era essencial. Isso não apenas otimizava o espaço nas páginas impressas, mas também acelerava a produção, cortando custos de impressão e tempo de redação.

O jornal que entregava a informação essencial mais rápido conquistava os leitores. A técnica da pirâmide, então, não era apenas uma questão de clareza na comunicação, mas uma ferramenta estratégica na competição pela atenção do público. A corrida para ver quem publicava primeiro se intensificava com o uso dessa técnica, que se tornava um pilar na agilidade do jornalismo industrial.

Hoje, a pirâmide invertida persiste, mas seu campo de batalha mudou. Se no final do século 19 ela foi a solução para os desafios das grandes cidades e da crescente demanda por notícias rápidas, hoje ela enfrenta uma limitação mais crítica: a atenção humana.

Na era digital, o volume de informação cresceu exponencialmente e o tempo que dedicamos a cada peça de conteúdo encolheu drasticamente. É a era dos feeds infinitos, e a pirâmide ainda desempenha um papel essencial.

Em plataformas como X, Instagram e TikTok, o princípio da pirâmide invertida continua presente. Pense nas primeiras palavras de um tuíte ou nos primeiros segundos de um vídeo no TikTok. São esses momentos que capturam ou perdem o espectador. A lógica da pirâmide foi transportada para as redes sociais: quanto mais rápido você entrega a mensagem crucial, maior a chance de reter a atenção. O que antes era uma técnica para lidar com o telégrafo hoje se adapta ao desafio de atrair o olhar distraído do usuário digital.

No século 21, a pirâmide invertida não enfrenta mais a limitação de espaço físico, mas a escassez da atenção. Com a proliferação de plataformas digitais, redes sociais e *streaming*, ela precisou se adaptar ao novo contexto visual e interativo. Cada postagem nas redes sociais é uma pirâmide invertida em miniatura. Cada vídeo no YouTube ou TikTok carrega a essência da técnica: conquistar o espectador nos primeiros segundos ou perder relevância.

Os algoritmos modernos, que escolhem o que vemos, consumimos e compartilhamos, são os novos protagonistas nessa evolução. No entanto, a pirâmide invertida continua guiando nossa maneira de organizar e priorizar a informação. O que começou como uma inovação de sobrevivência em campos de batalha hoje sobrevive no campo de batalha digital – onde a guerra é pelo tempo e pela atenção dos leitores.

No final das contas, a pirâmide invertida nos lembra que as formas mais duradouras de comunicação são aquelas que conseguem se adaptar às pressões sociais, econômicas e tecnológicas. Ela nasceu da urgência, floresceu na era industrial e agora se reinventa na era digital. A técnica que foi projetada para garantir que a mensagem chegasse intacta em tempos de guerra agora luta para manter sua relevância em um mundo de distrações instantâneas.

De cabos telegráficos a algoritmos de recomendação, a pirâmide invertida nos ensina que, por mais que as ferramentas mudem, a essência de uma boa comunicação é sempre a mesma: entregar o essencial sem perder o leitor.

A era do rádio: conectando emoção e entretenimento

Viajando para o século 20, houve a chegada do rádio, que trouxe a comunicação ao vivo diretamente para dentro das casas. Diferentemente dos livros, que exigiam leitura ativa, o rádio permitia um consumo mais passivo, enquanto as pessoas cozinhavam, limpavam ou realizavam outras tarefas.

As novelas de rádio, ou *soap operas*, emergiram como um novo formato de entretenimento, patrocinadas por marcas de sabão (*soap*), como Colgate e Procter & Gamble, que viam nessa programação uma oportunidade de conectar-se emocionalmente com seu público principal, as donas de casa norte-americanas. Elas não interrompiam a transmissão das narrativas, mas as anunciavam e encerravam ("Um oferecimento de...").

As novelas de rádio não eram apenas entretenimento. Elas se tornaram companhias diárias, fluindo naturalmente nas rotinas domésticas. Os anúncios dessas marcas eram inseridos de forma tão fluida no conteúdo que as donas de casa criaram uma relação emocional não apenas com as histórias contadas, mas com os produtos patrocinadores anunciados. A mensagem publicitária não era uma interrupção, mas uma parte orgânica da experiência.

Na década de 1940, nos Estados Unidos, já havia mais de quarenta *soap operas* no ar, todas com altos índices de audiência. O sucesso não se restringiu ao entretenimento, mas criou um modelo econômico no qual a publicidade decorria diretamente no conteúdo, sem pausas forçadas. As marcas percebiam que, ao se tornarem parte da experiência emocional, sua aceitação pelo público aumentava significativamente.

Radionovelas no Brasil

O formato de radionovela (re)criado em Cuba e no México chegou ao Brasil, e a primeira foi transmitida pela Rádio Nacional. *Em Busca da Felicidade* era patrocinada por um creme dental e, antes de sua estreia, foi feita uma ação promocional: as pessoas que mandassem para a rádio uma embalagem dessa pasta de dentes ganhavam um livrinho com a foto dos radioatores e a trama da história. O conceito de *sampling* já estava sendo utilizado com sucesso. Foram recebidos mais de 48 mil envelopes com as embalagens!

O impacto das radionovelas por aqui foi transformador. O rádio reinou absoluto no Brasil na comunicação de massa. Ele era barato, acessível e tornou-se parte da rotina das pessoas. As famílias se reuniam ao redor dos aparelhos para ouvir novelas, programas de auditório, transmissões esportivas e, claro, as notícias. Era uma experiência coletiva, de engajamento emocional profundo.

As radionovelas conectavam o público e exigiam poucos recursos para serem produzidas. Tudo acontecia por meio da voz, da música e dos efeitos sonoros, que permitiam que o ouvinte mergulhasse em mundos imaginários. Quando as radionovelas migraram para a televisão, na década de 1950, as telenovelas brasileiras não apenas consolidaram o sucesso desse formato que já era sucesso no rádio, como se tornaram um dos maiores fenômenos culturais do país.

Capítulo 3

AS MÍDIAS E A ATENÇÃO AO LONGO DO TEMPO 2: A TELEVISÃO E SEUS FORMATOS

Os anos iniciais da televisão trouxeram uma grande promessa: a capacidade de transmitir não só o som, como já fazia o rádio, mas também imagens em movimento, direto para a sala de estar dos lares das pessoas. Era como trazer o cinema para dentro de casa. No entanto, a realidade da TV, especialmente no início, esteve longe de ser um sucesso garantido.

Quando a televisão surgiu, na década de 1930, ela trouxe consigo uma inovação, claro, mas ao mesmo tempo representava uma ameaça ao *status quo*. Muitos acreditavam que a TV jamais substituiria o rádio, especialmente por causa dos altos custos dos aparelhos de televisão e da baixa qualidade da programação nos primeiros anos.

A televisão enfrentou enormes desafios para conquistar o coração do público, e esses obstáculos não eram apenas tecnológicos. A maneira como o conteúdo era produzido e apresentado teve um papel crucial nessa luta.

Em 1947, nos Estados Unidos, havia apenas cerca de 44 mil aparelhos de TV, enquanto praticamente todos os lares já possuíam um rádio. A televisão precisava mais do que de uma tecnologia inovadora para desbancar o rádio; ela precisava reinventar a maneira como as histórias eram contadas.

A televisão estava diante de um grande dilema: como adaptar a linguagem do rádio para um meio visual? Nos primeiros anos, muitos programas de TV eram apenas transposições dos programas de rádio com a adição de imagens. No entanto, os visuais eram pobres, os cenários eram simples, as câmeras, estáticas. Os produtores estavam apenas descobrindo como usar a TV para contar histórias de maneira envolvente. A produção de conteúdo audiovisual era cara e complicada, o que impedia que a televisão competisse com a simplicidade e o alcance do rádio.

O que aprendemos com essa fase inicial da televisão é que uma tecnologia nova, por si só, não garante o sucesso. É preciso dominar a arte de contar histórias na nova mídia, adaptando-se ao meio em que se está trabalhando.

A ascensão da TV

Os anos 1950 marcaram um ponto de ascensão para a mídia da televisão, à medida que os custos dos aparelhos começaram a cair e a produção em massa aumentou. Em 1950, havia cerca de 3,9 milhões de televisores nos lares americanos. Uma década depois, esse número saltou para impressionantes 52 milhões.

No Brasil, a TV Tupi fez a primeira transmissão oficial em 18 de setembro de 1950, introduzindo o novo meio ao país com grande pompa, incluindo desfiles e discursos. No entanto, o crescimento no Brasil foi mais lento em decorrência do alto custo dos aparelhos, que restringia o acesso a uma pequena elite.

Mesmo com o aumento da popularidade da televisão, as produções ainda engatinhavam. A qualidade dos programas era questionável, e muitos produtores não sabiam contar histórias usando imagens em movimento. O público ainda não estava convencido de que valia a pena comprar um aparelho de TV, e os produtores enfrentavam o desafio de criar conteúdo envolvente que pudesse competir com a familiaridade e a intimidade do rádio.

Porcentagem de casas norte-americanas com TV

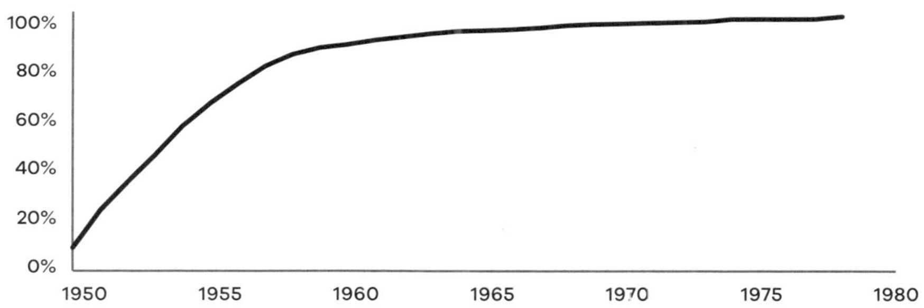

Fonte: The Society Pages

Empresas de transmissão de TV norte-americanas como ABC e CBS foram inicialmente fundadas como emissoras de rádio, e a partir daí fizeram a transição para serem companhias de televisão. No começo, essas emissoras tinham poucos canais e baixa audiência, o que as tornava plataformas ineficazes para vender anúncios e promover consumo.

1927	1928	1930	1934	1937	1940	1946
The Federal Radio Commission se estabelece	NBC instala sua primeira rede de rádio permanente de costa a costa dos EUA	Emissoras de rádio começam a experimentar a televisão	The Federal Radio Commission é substituída pela FCC	AT&T transmite TV por cabos de telefonia	NBC faz sua primeira transmissão de TV entre duas cidades	ABC, CBS e NBC transmitem regularmente conteúdo de TV

Fonte: Wyoming LLC Attorney

A linguagem e a consolidação da televisão

O momento real de virada para a televisão ocorreu quando ela começou a desenvolver sua própria linguagem, e não simplesmente copiar o rádio. A chegada das telenovelas trouxe para a TV o elemento emocional que faltava. Agora, além de ouvir, o público podia ver os personagens, suas expressões, os cenários e as emoções em tempo real. Isso transformou completamente a forma de contar histórias. A narrativa visual tornou-se tão poderosa quanto a auditiva, criando uma conexão mais profunda com os espectadores.

Nos Estados Unidos, as transmissões ao vivo de eventos esportivos, como jogos de beisebol e lutas de boxe, também contribuíram para o crescimento da TV. Ver algo acontecendo ao vivo, diante de seus olhos, era algo que o rádio jamais poderia oferecer. Essa capacidade de trazer o "agora" para dentro dos lares tornou a televisão a escolha natural para eventos de grande importância.

Com o advento da TV a cabo, o número de canais disponíveis cresceu enormemente, o que levou a um aumento significativo de horas assistidas na TV, o que criou muito mais oportunidades para intercalar anúncios com conteúdo. Isso ampliou o espaço de publicidade e consolidou o papel da TV como geradora de demanda de consumo.

O desafio da monetização e a publicidade na TV

A televisão, como meio de comunicação, dependia da publicidade para se sustentar. No entanto, o formato inicial de anúncios publicitários na TV era problemático. Os comerciais eram longos, disruptivos e, muitas vezes, irritantes para o público. Ao contrário do rádio, em que as marcas patrocinavam programas inteiros, na TV as marcas simplesmente interrompiam a narrativa, forçando sua mensagem sobre o espectador.

O resultado? As pessoas começaram a usar os comerciais como uma pausa para fazer outras atividades: ir ao banheiro, pegar algo na cozinha ou conversar com a família. As interrupções comerciais, em vez de manter o público atento, criavam distanciamento. A televisão estava aprendendo uma dura lição: a atenção das pessoas não poderia ser capturada à força.

Quantidade de horas por dia diante da TV entre famílias norte-americanas

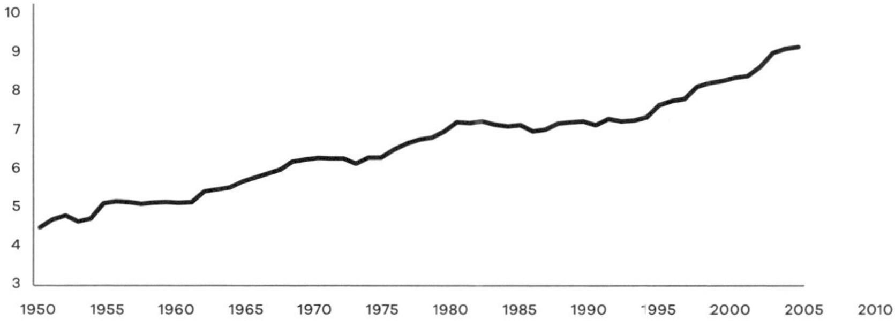

Fonte: The Atlantic

As telenovelas no Brasil

No Brasil, as telenovelas rapidamente se consolidaram como o principal produto da TV. Obras como *O Direito de Nascer* e *Beto Rockfeller* não apenas entretinham, mas refletiam a realidade social e cultural do país.

A transição das radionovelas para as telenovelas no Brasil não foi apenas uma mudança tecnológica. Culturalmente, ela mudou a forma como os brasileiros viviam o cotidiano. As telenovelas conectavam as narrativas emocionais com experiências diárias do público, o que as tornou fenômenos sociais e econômicos.

A integração da publicidade ao conteúdo foi a chave para o sucesso. O público sentia que a telenovela se tornava parte da rotina, um ritual que envolvia toda a família e gerava discussões nas ruas, nos mercados e até nas rodas de amigos. A telenovela se tornou um fenômeno cultural.

Os ganchos e as novelas

O gancho é, talvez, uma das ferramentas narrativas mais antigas e eficazes na história da comunicação de massa. Desde as radionovelas até as grandes telenovelas que marcaram gerações, o gancho sempre foi utilizado para criar uma tensão emocional quase insuportável. E é nessa tensão que reside seu poder.

Um estudo da Universidade de São Paulo (USP) revelou que a audiência das telenovelas brasileiras podia aumentar até 20% na última semana de exibição, quando os ganchos são usados em sua forma mais crua e intensa.

Mas o gancho não é apenas uma técnica de audiência. Ele é uma metáfora para o desejo humano por resolução. Todos nós, como espectadores, carregamos a necessidade de ver o desfecho de uma história que nos fisgou emocionalmente. É o mesmo princípio que nos faz virar a página de um livro, ansiosos pelo próximo capítulo, ou continuar assistindo a uma série no *streaming*, episódio após episódio. Não conseguimos suportar o "não saber".

Essa tensão narrativa, cultivada com maestria pelas telenovelas, é replicada nos vídeos do YouTube e do TikTok, nos quais os criadores terminam propositalmente com uma pergunta ou uma expectativa. O gancho é uma forma de prender a atenção sem forçar a permanência, um convite à continuidade. E, assim, o público permanece enredado.

O impacto do controle remoto

A chegada do controle remoto (com fio), na década de 1950, foi um divisor de águas na relação entre o público e a TV. Antes, o espectador era obrigado a assistir aos comerciais, a menos que quisesse se levantar e mudar de canal manualmente no aparelho de TV. O controle remoto mudou isso completamente, porque deu ao público a capacidade de ignorar os comerciais com um simples clique.

Essa invenção representou um empoderamento sem precedentes para o público, que agora tinha em suas mãos o poder de decidir o que assistir e quando assistir. As marcas e anunciantes precisavam repensar suas estratégias, pois já não podiam mais forçar a atenção do público nos intervalos.

O controle remoto mostrou que a interrupção não era eficaz e forçou a indústria a buscar formas mais sutis de capturar a atenção do espectador. É fascinante pensar que o controle remoto, uma peça tão corriqueira no nosso dia a dia, nasceu do incômodo.

Na década de 1950, a televisão já reinava soberana nas salas de estar americanas, mas havia algo que irritava profundamente o público: os comerciais intermináveis, que interrompiam a programação e quebravam o fluxo da narrativa. Em 1955, a Zenith Electronics apresentou o Flash-Matic, o primeiro controle remoto sem fio, e, com ele, o poder estava finalmente com o público.

Essa invenção marcou o início de uma revolução silenciosa. Pela primeira vez, as pessoas podiam, com um simples toque, silenciar o que as incomodava. A ironia aqui é que o controle remoto nasceu não para melhorar a experiência de consumo da TV, mas para fugir dela. As marcas, em vez de captar a atenção, começaram a perder relevância ao insistirem em interromper a experiência.

O Flash-Matic foi o primeiro aviso claro de que o público não mais toleraria ser interrompido. Esse simples dispositivo, tão pequeno e aparentemente inofensivo, deu início a uma batalha pela atenção que hoje, na era dos *streamings* e plataformas digitais, ainda continua.

Hoje, olhamos para o controle remoto e entendemos que ele simboliza mais do que apenas conforto. Ele é o precursor do que viria a ser uma nova ordem: a era do controle do usuário sobre o conteúdo. A luta contra a interrupção, que começou com um clique no controle, hoje se desenrola em todos os locais em que os algoritmos garantem que a experiência seja fluida e sem obstáculos, mas ainda há resquícios dessa velha batalha.

A televisão e o controle remoto nos ensinaram uma lição crucial: a atenção não pode ser forçada. O público, tendo o poder de escolher, sempre preferirá uma experiência fluida e envolvente, sem interrupções.

O desafio de capturar a atenção hoje, seja na televisão, no *streaming* ou nas redes sociais, exige respeito pelo espectador e um compromisso com a narrativa. A interrupção forçada está cada vez mais sendo punida com rejeição. O sucesso, como as telenovelas e as plataformas de *streaming* demonstram, reside na capacidade de integrar o conteúdo à vida das pessoas de forma envolvente e emocionalmente cativante.

O declínio da TV

A audiência da TV a partir de 2010 entrou em um declínio sem precedentes. As pessoas passaram a gastar em média mais tempo consumindo outras formas de entretenimento on-line em vez de ficar na frente da televisão, e a confiança na grande mídia começou a oscilar coletivamente, o que resultou em uma queda imensa na sua receita de publicidade ano após ano.

Total de TV assistida por idade a partir de 2010 nos EUA

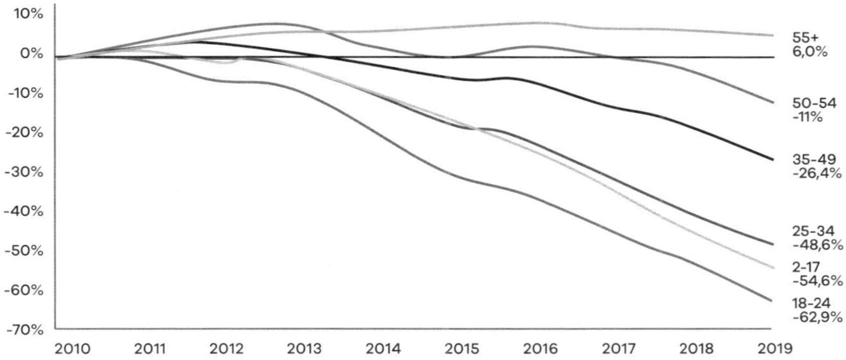

Fonte: UBS Analysis of Nielsen Data

Receita de publicidade na TV tradicional dos EUA (US$ bilhões)

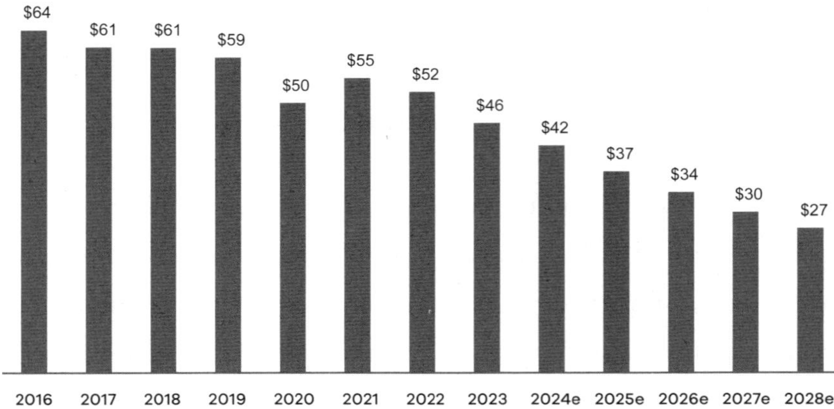

Fonte: UBS Analysis of Nielsen Data

No centro dessa ruptura está a ascensão da internet, que trouxe outra plataforma para consumir conteúdo de televisão, o *streaming*. Mas as empresas de *streaming* adotaram a publicidade como parte de seu modelo de negócios de um modo bem inconsistente. Como resultado, o espaço de publicidade em plataformas de *streaming* é significativamente menor do que o que havia na TV tradicional, o que significa que o *streaming* que é custeado por anúncios não é suficiente para compensar o declínio da publicidade da TV.

Com o avanço da internet, especialmente a partir do final dos anos 1990, vivemos uma explosão massiva de informações e conteúdo digital. Se a televisão já havia transformado a maneira como consumíamos entretenimento e notícias, a internet ampliou exponencialmente esse impacto, criando um mar inexplorado de dados e possibilidades. De repente, qualquer pessoa com uma conexão podia não só consumir, mas também produzir conteúdo. Essa democratização trouxe um cenário que Marshall McLuhan teria descrito como a "aldeia global" em sua forma mais crua e vívida: conectados, acessíveis e, ao mesmo tempo, perdidos em meio ao volume avassalador de informações.

Nesse ambiente caótico e em expansão, surgiu uma necessidade urgente: como encontrar sentido em meio a tanto conteúdo? Como conectar o usuário certo ao conteúdo certo em um mar de informações cada vez mais fragmentadas? E foi exatamente aqui que nasceu uma nova categoria de empresas cujo trabalho era organizar, classificar e indexar essas informações de forma útil e eficiente – os mecanismos de busca.

O Google, que surgiu em 1998, revolucionou a maneira de navegar pela internet. Ele não era apenas uma ferramenta para encontrar sites, mas um novo modelo de organização da informação, no qual tudo – desde pequenos blogs pessoais até grandes reportagens – poderia ser classificado, indexado e, mais importante, encontrado com apenas algumas palavras. O Yahoo, que apareceu um pouco antes, em 1994, também desempenhou um papel importante, ajudando a organizar essa selva de conteúdo que começava a tomar forma. Esses mecanismos de busca não eram apenas inovações tecnológicas; eles estavam, na verdade, redefinindo o próprio conceito de atenção. A atenção deixou de ser algo passivo, como na televisão, e passou a ser algo que o usuário buscava ativamente. E com isso surgiram oportunidades de publicidade inteiramente novas.

Ao contrário da televisão, na qual a publicidade interrompia o espectador, na internet os anúncios podiam ser apresentados de forma contextual, baseada nas intenções e nas buscas do usuário. Harold Innis (1894-1952), economista e teórico canadense, falava sobre como cada meio molda e é moldado pela sociedade, e os mecanismos de busca exemplificam isso perfeitamente. Eles não apenas organizavam a informação disponível; também redefiniam a maneira como nos conectávamos ao mundo, criando um ambiente em que a publicidade se tornava útil, e não intrusiva. Era um novo tipo de propaganda – uma que parecia fazer parte da jornada do usuário, uma que "respondia" ao que ele estava buscando.

A ascensão dos motores de busca trouxe consigo uma nova perspectiva econômica e cultural. Se na televisão a publicidade era desenhada para capturar a atenção do espectador, na internet ela se tornou uma resposta às intenções. Lewis Mumford (1895-1990), historiador, teórico social e crítico americano, conhecido por seus estudos sobre cidades, tecnologia e cultura, ao discutir a "megamáquina" da tecnologia, já havia antecipado o impacto profundo das inovações sobre a sociedade. Os mecanismos de busca eram como engrenagens dessa nova megamáquina da informação – organizando, categorizando e facilitando a conexão entre o público e as suas necessidades.

O impacto cultural foi imenso. De repente, as grandes marcas não precisavam mais interromper – apenas com comerciais em horários nobres, o PrimeTime. Elas podiam estar presentes quando e onde os consumidores as procurassem, o MyTime.

A publicidade deixou de ser uma mera interrupção e passou a ser uma "solução". Como mencionou Vilém Flusser (1920-1991), filósofo e teórico tcheco-brasileiro, a tecnologia molda nossa percepção da realidade, e os motores de busca estavam fazendo isso de forma extraordinária, oferecendo a possibilidade de uma comunicação mais orientada e personalizada.

Esse novo tipo de publicidade, que se alinhava às buscas do usuário, também trouxe um desafio inédito: como garantir que a atenção das pessoas fosse capturada em meio a tantas opções? A guerra pela atenção deixou de ser unilateral e se tornou uma corrida multifacetada, envolvendo empresas, marcas e produtores de conteúdo. As marcas precisavam entender que a forma de chamar a atenção estava mudando novamente, e os mecanismos de busca eram a chave para essa transformação.

Essa explosão da internet, guiada pelos motores de busca, pavimentou o caminho para algo ainda maior: a criação de redes sociais, plataformas de conteúdo e uma verdadeira reinvenção da comunicação de massa. A televisão, com todos os seus avanços, agora era apenas uma das opções, e não mais o centro das atenções porque é uma mídia passiva.

O público não era mais uma audiência passiva; as pessoas estavam ativamente buscando, criando e interagindo – e a internet se tornava o palco onde essas interações aconteciam em tempo real, de maneira fluida e sem as barreiras tradicionais das mídias anteriores.

A internet trouxe a promessa da conexão plena e o potencial de comunicação em massa que a televisão não podia cumprir completamente. E é exatamente sobre isso que o próximo capítulo vai tratar: como essa nova rede – esse novo meio – evoluiu, se expandiu e transformou nossa noção de atenção, criando novas formas de captar, entreter e manter o público engajado. Vamos ver como as redes sociais se tornaram uma extensão natural da internet, ampliando ainda mais a complexidade do que chamamos de "Era da Atenção".

Nessa nova revolução, agora digital, a atenção não é apenas conquistada, mas também compartilhada, coproduzida e redefinida a cada interação. A jornada pela atenção continua, e o próximo passo é entender como a internet se tornou o novo centro dessa disputa.

Capítulo 4

AS MÍDIAS E A ATENÇÃO AO LONGO DO TEMPO 3: INTERNET E REVOLUÇÃO DIGITAL

Nos anos 1990, o Brasil estava em uma encruzilhada histórica. O país vinha de décadas turbulentas: a ditadura militar havia acabado recentemente, e a transição para um governo democrático ainda era um processo em construção. A economia, marcada por anos de inflação galopante, parecia finalmente encontrar um rumo. O Plano Real, lançado em 1994, trouxe uma nova sensação de esperança para milhões de brasileiros que finalmente viam a moeda estabilizar e o poder de compra surgir. Uma nova classe média emergente começava a se formar, alimentada por esse otimismo e por novas oportunidades que apareciam a cada esquina.

Era um período de transformações. Cidades como São Paulo e Rio de Janeiro começavam a sentir o peso da globalização, com empresas internacionais se estabelecendo e novos produtos chegando aos consumidores. Ao mesmo tempo, a urbanização acelerada moldava a vida das pessoas, criando uma rotina cada vez mais dinâmica, repleta de contrastes.

Enquanto algumas áreas urbanas floresciam, outras lidavam com problemas históricos de desigualdade e falta de infraestrutura.

No meio desse cenário de transformações, havia algo ainda maior aparecendo no horizonte: a internet. A promessa de uma revolução digital, que mudaria para sempre a maneira como nos comunicamos e nos conectamos, começava a se tornar realidade. A internet estava, pouco a pouco, entrando no Brasil, e com ela vinha uma nova visão de mundo e novas possibilidades para os brasileiros.

O mundo entra na era digital

A chegada da internet não aconteceu isoladamente. No final dos anos 1980 e início dos 1990, o mundo estava passando por uma onda de inovações tecnológicas. A queda do Muro de Berlim em 1989 marcou simbolicamente o fim da Guerra Fria, e o planeta, agora menos dividido, entrava em uma era de interconexão. Os computadores pessoais estavam se tornando mais acessíveis, e a promessa de uma rede global – na qual informações, culturas e ideias podiam ser compartilhadas instantaneamente – começava a ganhar força.

Nos Estados Unidos, a internet já vinha sendo utilizada por militares, acadêmicos e pesquisadores desde os anos 1960 e 1970. Foi nesse contexto que nomes como Marshall McLuhan previram o impacto transformador das novas tecnologias de comunicação. A "aldeia global" descrita por ele estava prestes a se concretizar, na qual as barreiras físicas e culturais seriam superadas pela conectividade e pela instantaneidade da rede. McLuhan enxergava a internet como um grande ponto de convergência, em que todos teriam acesso ao conhecimento e estariam, de alguma forma, interligados.

Enquanto isso, no Brasil...

Nos anos 1990, o Brasil estava começando a dar os primeiros passos em direção ao digital. Havia um sentimento coletivo de curiosidade e receio, como se todos estivéssemos prestes a entrar em uma nova era, mas sem saber muito bem o que isso significava. Era um período de transição, um país saindo de uma economia analógica e enfrentando a chegada da internet comercial. A sensação era de estar diante de um horizonte novo e vasto, mas com um mapa em branco. Cada conexão era um desbravamento.

A chegada da internet trouxe um impacto cultural profundo, e a adaptação foi repleta de desafios. Nas redações de revistas como *Internet.br* e *Internet Business*, da Ediouro, pioneiras no Brasil focadas no tema, vivíamos um frenesi constante. Eu era estagiário de jornalismo na época, e me lembro que o telefone da redação tocava com perguntas que hoje parecem banais: "O que é um e-mail?", "Como me conecto com a internet?". As pessoas estavam tentando entender o que fazer com aquela rede invisível que agora estava ao alcance de todos. Parecia um universo paralelo que, de repente, estava disponível para qualquer um, mas poucos sabiam como navegar.

Susanne Langer (1895-1985), filósofa norte-americana que estudou o poder dos símbolos, nos ajuda a entender esse momento. Ela descreveu como a humanidade cria símbolos para tornar o desconhecido compreensível. A internet era isso: um novo mundo repleto de novos signos – o "@", URLs, hiperlinks – que precisavam ser aprendidos e internalizados. A chegada do digital trouxe consigo uma série de novos códigos e linguagens. De repente, endereços como "http://" se tornaram portas para mundos de informação e interação, mas exigiam um aprendizado inicial, quase um deciframento coletivo.

O contexto econômico do país também estava em transformação. O Plano Real, lançado em 1994, trouxe uma estabilidade econômica inédita ao Brasil, que abriu as portas para que a classe média emergente começasse a se interessar por tecnologias e consumo digital. Computadores e modens, que antes eram itens de luxo, começaram a se tornar mais acessíveis, e os primeiros passos para a inclusão digital estavam sendo dados. Contudo, havia desigualdade: a internet não chegava a todos. O acesso era limitado e ainda caro, e a sensação era de que aquele era um privilégio de poucos. Mesmo assim, havia um otimismo contagiante, como se estivéssemos prestes a fazer parte do mundo desenvolvido.

As empresas, por sua vez, estavam tateando no escuro. Elas queriam marcar presença nesse novo meio, mas não sabiam como. A época era marcada pela tentativa de levar a experiência física para o ambiente digital, como as editoras que apostaram nos "flip pages", tentando simular a virada de páginas de um livro em uma tela. Foi uma tentativa, das mais frustradas, de replicar o familiar em um ambiente que exigia o novo.

Muitos se perguntavam se aquilo não canibalizaria os negócios tradicionais. Havia uma insegurança quanto ao futuro, um medo de que o digital pudesse representar o fim das lojas físicas, dos jornais impressos, dos modelos de negócio que eram a base da economia até então. O ciclo da Tétrade de McLuhan estava ali, escancarado. Repetido. As mesmas promessas de "morte e fim das outras mídias" voltava a ser decretado.

Ao mesmo tempo, a internet era vista como uma promessa de liberdade e de novas oportunidades. Havia certo encantamento em poder acessar, de casa, uma rede que interligava o mundo. As pessoas criavam suas primeiras páginas pessoais, aprendiam a usar os bate-papos e se conectavam a pessoas em outras cidades e países, algo impensável até então. Essa interação trouxe novas perspectivas culturais, com influências e ideias que vinham de todos os cantos do planeta. No Brasil, isso significava a chegada de novas tendências, mas também o receio de perder algo da própria identidade.

Carlos Afonso, pioneiro do projeto Alternex – o primeiro serviço de internet civil no Brasil –, foi uma figura essencial nesse processo. Ele enxergava a internet como mais do que uma tecnologia. Para ele, era uma plataforma de transformação social e cultural, e em eventos globais, como a Conferência da ONU sobre Meio Ambiente em 1992, a Eco92, a rede já estava sendo usada para conectar pessoas em tempo real. Carlos Afonso via o potencial de criar comunidades, de unir pessoas que nunca teriam se encontrado de outra forma. E ele estava certo. A internet, mesmo em seus primeiros anos, tinha um poder de conectar ideias, de democratizar o acesso ao conhecimento, de derrubar fronteiras que antes pareciam intransponíveis.

No final dos anos 1990, o Brasil começava a experimentar a internet como uma ferramenta cotidiana, que ia além do trabalho e chegava às casas. Havia o entusiasmo de descobrir um novo mundo, mas também a resistência daqueles que não compreendiam seu valor. Era um momento de experimentação, e as oportunidades eram imensas para quem tinha coragem de desbravar aquele território. A internet não era apenas uma novidade tecnológica, era uma mudança de paradigma, uma nova maneira de ver e de se relacionar com o mundo.

A internet e o horário do sono dos brasileiros

Naquele final dos anos 1990 e começo dos 2000, a conexão da internet era um ritual. Um processo que, olhando hoje, parece quase arqueológico, mas que, na época, era uma revolução tecnológica. Para nos conectarmos à internet, era necessário usar um modem discado que ocupava a linha telefônica e tinha um som inconfundível – aquele chiado eletrônico, cheio de tons agudos, que parecia uma conversa alienígena. Era o som da esperança de que, ao final daquela sequência, uma conexão estável se estabelecesse.

A internet discada era uma experiência de paciência e espera, mas, mesmo assim, era uma novidade excitante. Ela permitia que, a partir da sala de casa, pudéssemos acessar informações de qualquer lugar do mundo. Só que havia um custo. Literalmente. A conexão era paga por "pulsos" telefônicos, ou seja, quanto mais tempo você ficava on-line, mais caro era o valor da conta ao final do mês.

E foi aí que a criatividade brasileira entrou em cena. O sistema de cobrança da época oferecia um "pulso único" para as conexões feitas entre meia-noite e seis da manhã. Em outras palavras, por um preço fixo você podia navegar por horas a fio, desde que se conectasse tarde da noite. A partir disso, a dinâmica das famílias mudou. A internet passou a moldar nossos hábitos de sono. Muitos brasileiros começaram a dormir mais tarde ou até virar a madrugada navegando, aproveitando ao máximo aquele pulso único.

Era um cenário engraçado, mas que, à época, fazia todo sentido. Esperávamos a meia-noite como um marco de liberdade digital – um horário em que a internet se tornava "ilimitada" (ainda que a conexão, muitas vezes, fosse tão lenta que as páginas demorassem minutos – ou até horas – para carregar). Era quando se podiam baixar músicas pelo Napster ou Kazaa, se aventurar nas primeiras salas de bate-papo, ou simplesmente navegar pela web descobrindo novos sites, tudo isso em um contexto que parecia mágica. Para muitos, era a primeira vez que se tinha um gostinho real do que era o "mundo globalizado", acessível pela ponta dos dedos.

Lembro que muitas famílias tinham que se organizar para garantir que o telefone estivesse livre na hora certa. O modem bloqueava as ligações telefônicas, e não era raro ouvir gritos da mãe ou do pai perguntando "quem tá usando a internet?" quando precisavam fazer um telefonema urgente. A relação com a internet era de amor e ódio, mas também de fascínio. Era uma novidade que mexia com a rotina e abria novas possibilidades de conexão e conhecimento.

Olhando para trás, é impossível não pensar: "Como a gente vivia daquela forma?". A velocidade era ínfima, a conexão instável, e os downloads demoravam horas. Mas o fato é que, para aqueles que viveram esse momento, havia um encanto. A expectativa de se conectar, o tempo gasto esperando uma imagem carregar, e a liberdade que vinha com aquele pulso único. Tudo isso simbolizava uma nova era chegando.

A internet discada foi a primeira experiência de muitos brasileiros com o mundo digital, e, mesmo com todas as limitações, ela foi essencial para formar a cultura de conectividade que temos hoje. Foi um período em que o valor da conexão não estava em sua velocidade, mas na ideia de estar on-line – de fazer parte de algo maior, de sentir que o mundo estava, de alguma forma, ao alcance do nosso olhar, ainda que através de uma janela pequena e lenta.

Esse período também moldou um traço marcante da nossa cultura digital: o jeitinho, a adaptação. Aproveitar o "pulso único" foi uma das primeiras demonstrações de como os brasileiros usariam a criatividade para explorar ao máximo o que a tecnologia oferecia, mesmo com suas limitações. E isso diz muito sobre como seguimos nos adaptando a novas tecnologias até hoje, encontrando maneiras de torná-las acessíveis e relevantes em nosso contexto.

Por onde começo?

Vamos voltar um pouco no tempo e lembrar de um momento quando não havia essa facilidade de buscar qualquer coisa que quiséssemos. A internet era como uma selva sem trilhas marcadas, e navegar era realmente um ato de desbravar, quase arqueológico. O leitor precisa se sentir lá, vendo o caos e a maravilha de explorar um mundo sem guias adequados.

No início, a falta de buscadores organizados era um desafio imenso. Não existiam ferramentas que tornassem a navegação algo intuitivo. A internet era um terreno vasto e inexplorado, e não havia um mapa para nos guiar. Nos primeiros tempos, a única maneira de encontrar sites era conhecer as URLs diretamente – longas sequências de letras e números que mais pareciam uma sopa de letrinhas. Era preciso receber um endereço de um amigo ou encontrá-lo em uma revista especializada para descobrir algo novo. Era como ter um pedaço de papel com anotações e ir digitando manualmente cada URL, esperando que estivesse certa.

A Ediouro estava de olho nesse mercado também e criou um guia, o *WebGuide*. Era quase como um catálogo de endereços, no qual se listavam os principais sites organizados por categorias. A ideia era simplificar a vida de quem estava começando a navegar. Em cada edição do *WebGuide*, eu e alguns outros repórteres da redação éramos responsáveis por uma curadoria de URLs que indicavam os sites "essenciais" do momento. Era como um mapa rudimentar, um guia de ruas da cidade de São Paulo, mas aplicado à internet – cada site era uma pequena descoberta. Havia um senso de exclusividade: quem tinha acesso ao *WebGuide* se sentia como um explorador bem-preparado para aquele mundo desconhecido.

Navegar naquela época era como dirigir em uma cidade sem sinalização e sem GPS – você precisava decorar o caminho, ou então estava perdido.

Quando penso nisso, me vem à mente o tempo dos mapas de papel, antes do Waze ou Google Maps. Quem viveu aquela época vai se lembrar: você precisava consultar um mapa físico, dobrá-lo, desdobrá-lo, e torcer para não errar a rota. Era uma experiência de tentativa e erro, e navegar pela internet no final dos anos 1990 e começo dos 2000 não era muito diferente.

Foi nesse contexto que os primeiros buscadores começaram a surgir. E a chegada deles foi um verdadeiro divisor de águas. O Cadê?, lançado em 1995, foi um dos pioneiros aqui no Brasil: um buscador essencialmente manual, com um índice de sites atualizado à medida que os próprios usuários indicavam links para serem incluídos. Era um verdadeiro alívio, pois em vez de precisar decorar ou guardar cada URL, bastava fazer uma busca pelo que você queria, e, se tivesse sorte, encontrar o que precisava.

É difícil imaginar, mas cada busca no Cadê? era quase um momento de expectativa. Você digitava uma palavra-chave e torcia para que algo relevante aparecesse. Não era sempre que isso acontecia. Às vezes, os resultados traziam páginas sem relação com o que você queria, ou então desatualizadas. Mas só de ter essa possibilidade já era um avanço enorme. O Cadê? foi o nosso primeiro passo na direção de um mundo em que a informação era acessível – uma tentativa genuinamente brasileira de organizar aquele caos informativo.

Enquanto isso, no cenário global, mecanismos como o Altavista, Yahoo e, mais tarde, o Google iam se destacando. O Yahoo, que começou como um diretório de sites organizados por categorias, logo se tornou um dos principais pontos de partida para navegar na web. Já o Altavista foi um dos primeiros a indexar grandes quantidades de conteúdo de maneira automatizada, permitindo buscas mais complexas.

Mas foi o Google, lançado em 1998, o que realmente mudou o jogo. Com um algoritmo inovador chamado PageRank, o Google conseguia classificar os sites de acordo com a relevância, analisando quantos outros sites apontavam para ele. Era como se, de repente, tivéssemos um guia supereficiente, que sabia não só onde ficavam as ruas, mas quais delas eram as mais interessantes de se percorrer. A promessa do Google não era só encontrar páginas, mas também nos levar ao lugar certo, da maneira mais rápida possível.

No Brasil, o Cadê? teve um papel fundamental em democratizar essa navegação. Ele era popular e querido porque falava nossa língua, literalmente. Enquanto o Altavista e o Yahoo eram referências internacionais, o Cadê? foi um dos primeiros a tentar organizar o conteúdo disponível em português e adaptado ao público brasileiro. Ele nos deu uma sensação de que, finalmente, tínhamos um espaço no vasto oceano da internet global.

Esses buscadores, então, representaram uma nova fase da internet, em que a informação começava a ser estruturada e organizada, em que a web começava a ter "ruas e avenidas" pelas quais podíamos transitar.

É fascinante pensar em como a evolução dos buscadores ajudou a pavimentar o caminho para o que temos hoje. Da mesma forma que os mapas impressos evoluíram para o GPS e, depois, para aplicativos como o Waze, a navegação pela internet também passou de uma experiência manual e limitada para algo dinâmico e fluido. A informação deixou de ser privilégio e se tornou parte do cotidiano de todos nós – e a história dos buscadores é, sem dúvida, uma parte essencial dessa transformação.

Assim, quando nos lembramos daqueles tempos do *WebGuide* e de URLs decoradas, entendemos o quanto evoluímos. Hoje, é quase impensável viver sem um Google da vida, e mais recentemente, o ChatGPT, que nos levam aonde queremos de forma bem precisa. Mas a verdade é que, se não fossem esses primeiros guias e buscadores, não teríamos aprendido o valor da descoberta e do esforço de explorar o desconhecido. Esses buscadores foram nossos primeiros passos rumo à democratização do conhecimento e da comunicação em massa. E essa mudança, como veremos nos próximos capítulos, foi apenas o começo de uma revolução ainda maior.

O novo playground das marcas

Nessa época, muitas marcas não sabiam muito bem como agir. Elas tentaram, inicialmente, trazer suas campanhas do mundo físico para o digital, mas, em vez de criar algo inovador, tentaram replicar o que funcionava nos outdoors, nas revistas e na TV. A internet foi inundada por banners que piscavam e pop-ups que saltavam na tela. Era uma tentativa de atenção forçada que, no fim das contas, mais irritava do que atraía o usuário. Um exemplo clássico era o modelo dos "banners flutuantes", que cobriam o conteúdo do site e só desapareciam depois que você clicava no lugar certo, quase um jogo de paciência forçado.

Mas, conforme o tempo foi passando, ficou claro que a lógica da internet era diferente. O internauta tinha o poder do clique, podia navegar para longe, fechar uma janela, e não estava mais amarrado a uma única narrativa imposta. Nesse cenário, quem não mudasse a forma de se comunicar, acabava perdendo.

Tentativas que deram errado: imitação do físico no digital

Houve também muitas tentativas de replicar experiências do mundo físico que não deram certo. As editoras, por exemplo, tentaram criar as chamadas *flip pages*, um formato digital que simulava o ato de virar a página de uma revista física. A ideia parecia promissora: trazer a experiência do papel para o digital, de uma forma que fosse familiar. Mas o problema era justamente esse. A internet não era papel. Os usuários queriam mais do que páginas digitais estáticas. Eles queriam interatividade, movimento, um conteúdo fluido e atualizado em tempo real – e esse formato estático não conseguia competir com a dinamicidade da rede.

Foi também nessa fase que surgiram os "portais", como o UOL, o Terra (na época ZAZ) e o iG, que se tornaram referência para quem queria encontrar informações de maneira organizada. Esses portais foram importantes porque reuniam notícias, e-mails e ferramentas em um único lugar, funcionando como uma espécie de "centro comercial digital". As marcas começaram a perceber que precisavam estar nesses ambientes para serem vistas, e isso significou os primeiros passos para uma publicidade mais integrada e mais conectada ao comportamento do usuário.

A história envolvendo a AOL no Brasil e o Katinguelê foi resultado de um erro que marcou a trajetória da empresa no país. Durante sua campanha de distribuição massiva de CDs-ROM, essencial para a conexão via modem de internet discada, a AOL cometeu um erro no processo de gravação. Diversos CDs, em vez de conterem o software de instalação da internet, vinham com músicas do grupo de pagode Katinguelê. Esse incidente causou grande repercussão e foi considerado um fiasco publicitário, gerando constrangimento para a empresa em um momento crítico de sua expansão.

A revolução da Agência Click

Nesse cenário de mudanças, algumas mentes visionárias perceberam que a comunicação precisava ser reinventada. Foi quando surgiu a Agência Click, fundada em 1999. Ela representou um divisor de águas no mercado publicitário digital no Brasil. A Click foi pioneira em pensar a internet de um jeito diferente: em vez de tentar forçar uma publicidade intrusiva e irritante, decidiu apostar em campanhas que falavam a língua dos internautas e que fossem capazes de oferecer experiências genuínas e relevantes.

Com trabalhos icônicos, a Click criou campanhas interativas e ações que envolviam o público de maneira direta. Ela foi pioneira ao trazer as marcas para esse novo universo de maneira criativa, entendendo que o internauta queria ser parte ativa da experiência. Era preciso trazer algo que despertasse curiosidade, diversão, e que se conectasse ao dia a dia das pessoas.

Exemplos inesquecíveis: marcas que acertaram na conexão genuína

Durante esse período de experimentação, houve algumas campanhas inesquecíveis que realmente acertaram no tom. Um exemplo clássico foi a campanha da Antarctica, que criou o site "Bar da BOA". Lançado nos anos 2000, ele se tornou um ponto de encontro digital para os amantes da cerveja. Era um espaço interativo, onde os usuários podiam "entrar" no bar, conhecer outros frequentadores, jogar e participar de promoções. Foi uma sacada inteligente porque não tentava vender o produto de forma direta; em vez disso, buscava criar uma atmosfera, um estilo de vida, uma experiência. A campanha tinha um elemento de diversão e comunidade, algo que ressoava profundamente com o público da época, e que fez o "Bar da BOA" ser um sucesso.

Outra campanha marcante foi a da Fiat, que lançou o Fiat Mio, um carro criado em colaboração com os usuários. Foi a primeira vez que uma marca automobilística deu voz aos consumidores para decidir detalhes de um produto. O carro foi desenhado com base em sugestões que vinham de internautas do Brasil inteiro, que podiam opinar sobre design, funcionalidades e até mesmo o tipo de tecnologia utilizada. Isso não apenas gerou engajamento, mas mostrou que a internet podia ser uma ferramenta poderosa de cocriação, na qual marcas e público colaboravam diretamente. Foi uma virada importante para que as marcas percebessem que o digital não era sobre controle, mas sobre diálogo.

Novos modelos de negócio e adaptação ao digital

Com o avanço da internet e o surgimento de buscadores como Google e Cadê?, as marcas começaram a perceber que não bastava simplesmente estar na internet. Era preciso ser encontrado. A otimização para mecanismos de busca, ou SEO (Search Engine Optimization), tornou-se uma nova ciência. Era como um jogo de posicionamento: quem estivesse na primeira página do Google tinha muito mais chances de ser visto. Isso deu início a uma corrida para entender e aplicar estratégias de SEO que começavam a moldar como as marcas produziam seu conteúdo.

E foi aí que os primeiros modelos de publicidade contextual começaram a surgir. O Google revolucionou o mercado ao trazer os **links patrocinados** – pequenos anúncios que apareciam no topo das pesquisas e eram relacionados ao que o usuário buscava. A publicidade deixava de ser intrusiva e passava a ser útil. As pessoas já estavam buscando informações sobre um produto ou serviço, e os links patrocinados funcionavam como uma ponte natural para a oferta. Foi um exemplo claro de como o digital exigia uma nova abordagem, na qual a relevância e a pertinência se tornavam centrais.

Marcas como Submarino e Americanas.com também deram grandes passos nessa época. Elas perceberam que o e-commerce poderia ser mais do que apenas uma loja on-line. Poderia ser uma experiência. Oferecendo descontos para compras feitas de madrugada, apostando em campanhas de e-mail marketing segmentadas e criando uma relação direta com o consumidor, essas empresas ajudaram a pavimentar o caminho do comércio eletrônico no Brasil, mostrando que a internet era, sim, uma plataforma viável para vendas – desde que você entendesse como atrair e manter a atenção dos internautas.

A grande transformação: de monólogos a diálogos

As marcas, que estavam acostumadas a ditar as regras da comunicação, tiveram que aprender a ouvir. Esse foi um dos maiores desafios da era digital. Não bastava mais criar um anúncio e esperar que ele desse resultado. Era preciso entender o que as pessoas estavam comentando nos fóruns do **Orkut**, o que os usuários estavam dizendo nos **chats** e como as opiniões se espalhavam por toda a rede. Surgiu o "feedback em tempo real", e as pessoas podiam comentar sobre uma campanha, elogiar, criticar, e aquilo tudo estava lá, público, para qualquer um ver.

Foi também nessa época que surgiram os primeiros blogs e influenciadores digitais. Esses novos criadores de conteúdo eram autênticos, falavam diretamente com seus nichos, e tinham uma relação próxima com seus seguidores. As marcas perceberam que, para conquistar a atenção do público, precisavam se aliar a esses criadores, que eram vistos como pessoas reais, e não como entidades corporativas. As parcerias com blogueiros e, mais tarde, com **vlogueiros** e **influenciadores do YouTube**, marcaram o início de uma nova fase da publicidade – uma fase que priorizava a autenticidade e a conexão.

Assim, a internet nos anos 2000 foi um período de descobertas. Foi quando as marcas perceberam que precisavam se transformar, que a comunicação não poderia mais ser um monólogo, mas sim um diálogo. Não era mais suficiente aparecer na tela; era preciso **fazer parte da conversa**, estar presente de maneira genuína, integrar-se à vida dos internautas de forma relevante e significativa. E foi esse aprendizado – de que o digital não é sobre imposição, mas sobre colaboração – que moldou tudo o que veio depois.

Esses primeiros passos pavimentaram o caminho para a comunicação que conhecemos hoje, em que marcas, criadores e público constroem juntos a narrativa, num fluxo contínuo de trocas, interações e, claro, histórias que não interrompem, mas que se conectam de verdade.

Orkut: exclusividade e o amor dos brasileiros pelo VIP

No início dos anos 2000, a chegada do Orkut marcou profundamente a história da internet no Brasil, e sua trajetória acabou sendo um dos casos mais peculiares do mundo digital. A rede social, lançada em 2004 por um engenheiro do Google chamado Orkut Büyükkökten, teve uma recepção diferente ao redor do globo, mas foi no Brasil que encontrou sua verdadeira morada. E havia algo essencial que explicava isso: o Orkut jogava com algo que sempre esteve muito presente na cultura brasileira – a sensação de exclusividade.

Para se inscrever no Orkut, você precisava ser convidado. Era como entrar em uma festa VIP, e depois que você estava lá dentro, ganhava sete convites para chamar seus amigos. Era um ciclo de pertencimento que ressoava muito com o que gostamos de sentir: fazer parte de um grupo seleto, convidar quem consideramos especiais e, principalmente, ser escolhido. Essa combinação de exclusividade e pertencimento foi um prato cheio para os brasileiros. A sensação de ser um dos "escolhidos" para entrar em um clube exclusivo gerava uma conexão emocional muito forte com a plataforma. Isso, somado ao amor dos brasileiros pela interação social, transformou o Orkut em um fenômeno cultural. Em pouco tempo, éramos os maiores usuários da plataforma, mesmo que ela não tivesse o mesmo apelo em outros países.

E era um tempo de ouro, quando o "scrapbook" era sinônimo de popularidade. Receber scraps, interagir nas comunidades e ter aquele número crescente de amigos no perfil eram as métricas de sucesso pessoal na internet. As comunidades do Orkut também foram uma verdadeira febre – uma espécie de praça pública digital. Desde as mais divertidas, como "Eu odeio acordar cedo", até aquelas que conectavam pessoas por paixões específicas, as comunidades eram espaços de identificação; elas eram um reflexo da nossa diversidade e, ao mesmo tempo, da nossa busca por pertencimento.

Memes: a linguagem do novo mundo digital

Foi também nessa época que a internet começou a criar algo que se tornaria parte essencial da cultura digital: os memes. E a relação do Brasil com os memes também foi algo que surgiu de uma mistura natural da nossa cultura com as possibilidades do universo digital.

O termo "meme" foi cunhado pelo biólogo Richard Dawkins em 1976, no seu livro *O gene egoísta*. Ele usou a palavra para descrever ideias e comportamentos que se espalham de pessoa para pessoa dentro de uma cultura, da mesma forma que os genes se propagam biologicamente. Mas foi na internet que o conceito de meme tomou a forma que conhecemos hoje. No ambiente digital, os memes se tornaram pedaços de cultura que eram facilmente reproduzidos, remixados e compartilhados.

Os primeiros memes que fizeram sucesso no Brasil tinham algo de muito peculiar: eles misturavam humor com um quê de improviso e, muitas vezes, de nonsense. Um dos primeiros grandes sucessos foi "A dança do quadrado". Esse vídeo, aparentemente simples e bizarro, viralizou de uma maneira que ninguém conseguia explicar. Talvez fosse justamente a simplicidade ou a falta de sentido que o tornava tão engraçado e fácil de compartilhar. Ele era como um código interno que todos entendiam.

Outro clássico foi a "Gaga de Ilhéus", uma entrevista que se tornou uma verdadeira obra de arte da improvisação. O vídeo circulou de tal forma que acabou sendo visto até mesmo por quem não era tão ativo na internet. E quem pode esquecer da comunidade "Árvores somos nozes", que nasceu de uma interpretação hilária e equivocada de uma fala do filme *O Senhor dos Anéis*? Esses primeiros memes eram genuínos, surgiam de momentos espontâneos e ganhavam vida própria, sendo adaptados e recriados por milhares de pessoas.

O meme como cultura social

O sucesso dos memes no Brasil refletia algo mais profundo sobre aquele momento: a internet se tornava cada vez mais social, as pessoas não apenas consumiam conteúdo mas o criavam, interagindo e moldando dessa forma a cultura digital do país.

Os memes eram um reflexo perfeito disso. Eles eram rápidos, fáceis de entender, e, principalmente, carregavam um humor que era facilmente compartilhável. Um humor que muitas vezes refletia uma crítica social disfarçada de brincadeira, ou simplesmente fazia piada de uma situação do dia a dia com a qual todos se identificavam.

O meme era a forma perfeita de comunicação para uma era em que o tempo de atenção estava se tornando cada vez mais fragmentado. Era um jeito de capturar a atenção das pessoas de forma rápida e eficaz, e que ao mesmo tempo gerava pertencimento. Compartilhar um meme era como fazer parte de um clube exclusivo, em que todos entendiam a piada. Se o Orkut era a festa VIP, os memes eram as piadas internas dessa festa – e todos queriam fazer parte.

O impacto dos memes foi tão grande que não demorou para que eles começassem a atravessar as fronteiras do mundo digital e chegassem aos outros meios de comunicação. Programas de TV, jornais e revistas começaram a falar sobre os memes, tentando entender e explicar esse novo fenômeno que parecia tomar conta da internet. A internet deixava de ser apenas um espaço de experimentação e começava a ditar pautas para os meios de comunicação tradicionais.

Era um tempo em que a internet tornou-se sinônimo de descobertas e de diversão. Cada dia trazia algo novo, e os memes eram um reflexo desse espírito explorador. Eles capturavam a essência do que era estar on-line naquela época: uma mistura de humor, improviso, criatividade e uma boa dose de nonsense. Estávamos vivendo a internet em sua forma mais crua e divertida, e isso era apenas o começo de uma transformação cultural que mudaria para sempre a maneira como nos comunicamos.

A teoria da atenção e o nascimento do YouTube

Herbert Simon, um dos grandes pensadores do século 20, já estava olhando para o futuro quando, lá nos anos 1970, cunhou uma ideia que hoje parece profética. Ele dizia: "A riqueza da informação cria a pobreza da atenção". Simon estava enxergando algo que, mais tarde, se tornaria uma das maiores questões da nossa era digital – a atenção humana é limitada, e quanto mais estímulos surgem para competir por ela, mais a nossa capacidade de absorvê-los se fragmenta.

Com a explosão da internet, a teoria de Simon passou de uma reflexão acadêmica para uma realidade cotidiana. Começamos a perceber que a informação estava em toda parte: era democratizada, acessível, pulsando a cada segundo. De repente, não era mais o acesso ao conteúdo que importava, mas como conseguir filtrar o que realmente valia a nossa atenção em meio a tanta oferta. Era como se o volume de informações se tornasse um oceano, e nós, como marinheiros, tentássemos navegar sem nos afogar.

Em meio a essa imensa quantidade de informação, um trio visionário deu o próximo passo em direção ao que seria uma das maiores revoluções da comunicação de massa: o YouTube. Nascia ali uma nova maneira de lidar com a atenção, um espaço que não só transmitia informações, mas que também oferecia voz para milhões de pessoas que, até então, eram apenas consumidores passivos de conteúdo.

Os primeiros passos do YouTube: uma ideia vinda do dia a dia

O YouTube foi fundado em fevereiro de 2005 por três ex-funcionários do PayPal: Steve Chen, Chad Hurley e Jawed Karim. Conta-se que a ideia surgiu, entre outras coisas, de um problema que eles enfrentaram ao tentar compartilhar vídeos de uma festa. Não existia, naquela época, uma plataforma que tornasse fácil o upload e a distribuição de vídeos para várias pessoas. Pense no contexto da época: a internet estava se consolidando, mas o compartilhamento de vídeos ainda era um desafio técnico. Precisávamos enviar arquivos por e-mail ou tentar hospedá-los em sites que não eram preparados para isso – a frustração era real.

Na prática, o YouTube surgiu dessa necessidade bem cotidiana: simplificar o envio de vídeos para amigos. É curioso como tantas grandes invenções começam de algo aparentemente pequeno. Mas não era só isso – o YouTube estava prestes a mudar a maneira como a atenção das pessoas era capturada. Assim que a plataforma foi ao ar, ela se transformou em um espaço no qual qualquer pessoa poderia ser, ao mesmo tempo, criador e consumidor de conteúdo. Aquela visão do economista, psicólogo e cientista político norte-americano Herbert Simon (1916-2001) estava se materializando. Agora, havia um canal em que qualquer um, com uma simples câmera e acesso à internet, poderia prender a atenção de milhões. A comunicação de massa, que sempre fora unidirecional, passava a ser algo distribuído, aberto, de muitos para muitos.

O primeiro vídeo e o efeito social

O primeiro vídeo do YouTube, "Me at the zoo", foi publicado pelo próprio Jawed Karim em abril de 2005. Nele, Karim aparecia em frente ao cercado dos elefantes no zoológico de San Diego, falando de forma casual e despretensiosa. Hoje, olhando em retrospectiva, parece algo banal, mas aquele vídeo trazia uma mensagem poderosa: qualquer pessoa, com um conteúdo simples, poderia ser vista e ouvida. A TV, que sempre trouxe celebridades bem-produzidas, tinha que começar a lidar com uma nova linguagem – aquela de pessoas comuns compartilhando suas experiências.

O nome "YouTube" também era um manifesto. "You", você, o indivíduo, era o centro da experiência. O conteúdo era para todos, e, ao mesmo tempo, produzido por todos. Isso se conectava diretamente com a ideia da internet como uma ferramenta democrática. O YouTube ampliou a capacidade humana de se expressar, levando ao extremo aquela hipótese de McLuhan sobre como novas tecnologias resgatam características antigas – a internet e, agora, o YouTube, estavam resgatando a oralidade que a televisão havia ofuscado.

A Tétrade de McLuhan x YouTube

Se olharmos pela perspectiva da Tétrade de McLuhan, é possível perceber como o YouTube se encaixa perfeitamente em cada um dos aspectos que ele descreveu. O YouTube, ao ser lançado, *aprimorava* a comunicação em vídeo, permitindo que qualquer pessoa publicasse conteúdo audiovisual com facilidade. Ao mesmo tempo, ele *tornava obsoleta* a necessidade dos antigos portais de compartilhamento de vídeo, que exigiam muitos passos e eram burocráticos. O YouTube também *resgatava* o formato da comunicação direta e pessoal, quase como uma conversa em frente a um grupo pequeno, e não mais a transmissão formal da TV. E, como qualquer tecnologia levada ao extremo, ele também tinha seu efeito reverso: o YouTube, ao saturar de vídeos e informações, acabou por criar uma nova demanda pela atenção que começou a ser disputada de forma cada vez mais acirrada.

O impacto na comunicação de massa

O YouTube mudou não apenas a forma como consumimos conteúdo, mas também a produção cultural. Quem viveu os anos 2000 lembra da virada cultural que ele representou. Os grandes estúdios e emissoras não tinham mais o controle absoluto. A audiência, até então acostumada a consumir o que era ditado pelos grandes conglomerados, passou a buscar o que realmente queria ver. Foi nessa época que o YouTube começou a formar suas primeiras estrelas – pessoas comuns que, de seus quartos, conquistavam audiências globais.

Um exemplo interessante foi o nascimento dos primeiros *vloggers*, pessoas que documentavam suas rotinas diárias e as compartilhavam como se fossem um diário em vídeo. De repente, as narrativas de vidas comuns passaram a ser interessantes, mostrando que a realidade, por vezes, é mais cativante do que qualquer novela ou programa produzido para TV. As pessoas não queriam mais ser interrompidas por comerciais; elas queriam histórias autênticas, que as conectassem de verdade com outras pessoas.

Um detalhe curioso sobre o YouTube é que, em seus primeiros meses, ele não decolou como esperado. Tanto que seus fundadores chegaram a considerar mudar o foco do site para um serviço de vídeo on-line de namoro. Eles chegaram a oferecer dinheiro para que mulheres carregassem vídeos de si mesmas, a fim de atrair mais usuários para a plataforma. No entanto, um vídeo do Super Bowl, carregado em 2005, se tornou viral e acabou mostrando o real potencial da plataforma para distribuição em massa. A partir daquele momento, o foco foi consolidado: compartilhar qualquer tipo de vídeo, qualquer história.

O YouTube, que começou com a ideia de ser uma ferramenta prática de compartilhamento, se transformou no palco global onde as histórias da nossa era eram contadas. Do vídeo do bebê rindo, que rodou o mundo, aos vídeos instrutivos que ensinavam a fazer absolutamente qualquer coisa, a plataforma se tornava parte do nosso cotidiano. Tudo isso foi possível porque a atenção do público, agora fragmentada, estava disponível para ser conquistada por quem tivesse algo interessante para contar, mesmo que fosse filmado no quintal de casa.

A Era da Atenção e a fragmentação do tempo

À medida que a internet continuava crescendo, a frase de Simon se mostrava cada vez mais verdadeira. O YouTube, assim como outras plataformas, fez parte do fenômeno que dividiu o nosso tempo em pequenos pedaços, em que passamos de vídeo em vídeo, pulando de uma narrativa para outra, sem necessariamente um compromisso de longo prazo com o conteúdo. Tudo isso simboliza uma mudança profunda na comunicação de massa: o "controle remoto" passou a estar não apenas nas nossas mãos, mas também na nossa mente, que se tornava cada vez mais dispersa, sedenta por novidades rápidas e estímulos instantâneos.

Se antes a televisão precisava batalhar por nossa atenção ao fim do dia, quando nos sentávamos no sofá, agora, com o YouTube e outras plataformas, cada momento ocioso era uma oportunidade para consumir mais um conteúdo. A competição pela atenção se intensificou, e marcas, influenciadores e produtores passaram a adotar estratégias cada vez mais criativas para capturar os primeiros preciosos segundos que poderiam determinar o sucesso ou fracasso de um vídeo.

O YouTube não foi apenas mais uma plataforma que apareceu e ganhou relevância. Ele mudou a lógica da comunicação de massa, quebrando o monopólio da produção de conteúdo e criando uma era em que, mais do que nunca, o público poderia escolher onde colocar sua atenção. Ele simboliza o novo, mas, ao mesmo tempo, um retorno ao velho, quando as histórias eram contadas em uma praça para quem quisesse ouvir. A praça agora é digital, e os contadores de histórias somos todos nós.

A vez do Instagram e do TikTok

A história do TikTok e do Instagram é um exemplo fascinante de como a comunicação digital se transformou rapidamente ao longo dos anos, adaptando-se aos hábitos e necessidades de uma sociedade em constante mudança. Ambas as plataformas surgiram de uma compreensão profunda de como a atenção das pessoas foi fragmentada, e como o consumo de conteúdo se tornou algo cada vez mais instantâneo, visual e participativo. Para entender como chegamos até aqui, precisamos revisitar alguns momentos-chave na história da comunicação digital.

A ascensão do Instagram

Quando o Instagram foi lançado em 2010, ele capturou imediatamente a atenção de uma geração que buscava se expressar de forma visual. A plataforma foi criada pelo norte-americano Kevin Systrom e por Mike Krieger, um brasileiro com quem tive a oportunidade de trabalhar durante os seis anos e meio em que fui funcionário e colaborador do Instagram para a América Latina. Ele foi criado inicialmente como um aplicativo de geolocalização chamado Burbn, mas logo perceberam que o interesse dos usuários estava na função de compartilhamento de fotos. A fotografia sempre foi um meio poderoso de comunicação, e o Instagram explorou essa necessidade humana de documentar momentos visuais. Com filtros simples e práticos, as pessoas podiam transformar imagens banais em algo visualmente atraente.

O Instagram cresceu exponencialmente, atingindo um milhão de usuários em apenas dois meses e dez milhões em seu primeiro ano. Em 2012, foi adquirido pelo Facebook por um bilhão de dólares. Nesse período, a plataforma se consolidava como o principal espaço de "curadoria pessoal", no qual os usuários compartilhavam fotos esteticamente elaboradas, criando um lugar para a identidade digital, quase como uma galeria pessoal.

O surgimento do TikTok

Já o TikTok, por outro lado, veio de uma origem diferente, mais relacionada à performance e à criação de conteúdo rápido. A plataforma nasceu da fusão do Musical.ly, um aplicativo de dublagem de músicas, com o Douyin, da chinesa ByteDance, em 2018. Enquanto o Instagram prosperou em uma era de fotos e curadoria visual, o TikTok floresceu ao perceber uma demanda crescente por vídeos curtos e envolventes. A mudança cultural e tecnológica que o TikTok capturou foi a fragmentação da atenção – a ideia de que, com tanto conteúdo disponível, as pessoas precisavam de algo rápido, que entregasse o valor em segundos.

O TikTok dominou a capacidade de criar conteúdo viral com um algoritmo que analisava o comportamento dos usuários em tempo real. Ele se tornou o principal palco para microentretenimento, em que usuários não apenas assistiam, mas criavam e interagiam com o conteúdo de forma orgânica. Em um ambiente cada vez mais saturado de conteúdo, o TikTok foi pioneiro ao priorizar o que as pessoas queriam assistir, e não quem elas queriam seguir. Isso desafiou a lógica de outras redes sociais, como o Instagram, que ainda se baseava no modelo de popularidade e seguidores.

A mudança na comunicação e o impacto nas marcas

À medida que essas plataformas cresciam, o comportamento das marcas também precisou mudar. Inicialmente, as marcas tentaram replicar no ambiente digital as estratégias tradicionais de publicidade que usavam no mundo físico: interrupções e anúncios invasivos. No entanto, logo perceberam que esse modelo não se traduzia bem nas redes sociais. A atenção fragmentada e a saturação de conteúdo tornaram esse tipo de comunicação menos eficaz. A publicidade tradicional, especialmente no TikTok, era vista como intrusiva e gerava rejeição. As marcas perceberam que precisavam encontrar novas formas de se conectar com seus públicos.

Essa transformação deu origem ao que hoje chamamos de *creator economy*, um ecossistema no qual os criadores de conteúdo (antigamente chamados de blogueiros, influenciadores e agora *creators*) passaram a ser os principais intermediários entre as marcas e os consumidores. O Instagram, ao longo de sua evolução, ajudou a estabelecer as bases para o *influencer marketing*, em que personalidades digitais usavam suas grandes audiências para promover produtos e marcas. No entanto, o TikTok levou isso a outro patamar, permitindo que qualquer pessoa, independentemente de sua popularidade, pudesse viralizar com conteúdo autêntico e relevante.

A evolução dos criadores

> Blogueiros: nos primeiros anos das redes sociais, o termo "blogueiro" dominava. Blogueiros eram criadores de conteúdo que usavam seus blogs como plataformas para compartilhar opiniões e informações.

> Influenciadores: com o advento do Instagram, o termo "influenciador" surgiu para definir aquelas pessoas que tinham grandes seguidores e influenciavam o comportamento de compra de seus fãs.

> *Creators*: hoje, na era do TikTok, o termo "creator" se tornou dominante. Ele reflete uma abordagem mais ampla, em que a criatividade e o conteúdo são mais importantes que a quantidade de seguidores.

A *creator economy*

A *creator economy* é o reflexo de uma transformação profunda na maneira como as pessoas se expressam, trabalham e interagem com o mundo ao seu redor. Ela representa um ponto de inflexão, em que o digital passou a permitir que qualquer indivíduo com uma conexão à internet possa criar, influenciar e monetizar seu próprio conteúdo, sem depender de intermediários. Essa nova economia é um fenômeno multifacetado, e entender sua evolução e impacto exige uma análise cuidadosa dos fatores sociais, culturais, econômicos e políticos que a moldam.

Desde o surgimento dos primeiros blogs no início dos anos 2000, até as explosões de plataformas como YouTube, Instagram e TikTok, estamos testemunhando uma revolução em como as narrativas são construídas e disseminadas. A internet deu voz às massas, mas foi com o advento das redes sociais que essa capacidade foi amplificada exponencialmente. Antes, a criação de conteúdo estava restrita a jornalistas, cineastas e grandes corporações de mídia. Agora, qualquer pessoa com um smartphone pode influenciar milhões de pessoas.

As redes sociais como o Facebook e o Instagram foram inicialmente construídas com foco em conectar pessoas. Entretanto, à medida que essas plataformas evoluíram, o modelo de monetização se ajustou para integrar a criação de conteúdo como um pilar fundamental. O Instagram, que começou como uma plataforma de compartilhamento de fotos, rapidamente se adaptou ao surgimento dos influenciadores, enquanto o YouTube já mostrava, desde meados dos anos 2010, o poder dos criadores de vídeo como uma força disruptiva. Essa fase inicial da *creator economy* ainda era baseada em métricas tradicionais: popularidade, número de seguidores e engajamento dentro de estruturas familiares de marketing. O conceito de influência estava muito atrelado a números e alcance massivo.

A *creator economy* refere-se ao ecossistema formado por criadores de conteúdo independentes que monetizam suas atividades on-line, utilizando plataformas digitais para alcançar audiências e gerar receita. Esses criadores – como youtubers, podcasters, influenciadores de redes sociais e streamers – produzem vídeos, artigos, podcasts, fotos e outros conteúdos que se conectam diretamente com seu público. A economia ao redor deles é sustentada por parcerias com marcas, vendas diretas, crowdfunding, assinaturas e publicidade. Esse modelo democratiza a criação de conteúdo, tornando acessíveis ferramentas que anteriormente estavam nas mãos de grandes empresas de mídia.

Essa economia cresce com plataformas como YouTube, Instagram, TikTok, Patreon e Twitch, nas quais os criadores podem se conectar diretamente com seu público, construir comunidades e até mesmo obter controle total sobre seus negócios, sem depender exclusivamente de intermediários ou grandes empresas. A *creator economy*, portanto, redefine a forma de produção e distribuição de conteúdo no mundo digital, com impacto significativo na cultura e no mercado.

A pandemia como divisor de águas

Foi a pandemia de covid-19, no entanto, que acelerou de forma dramática essa transformação. Durante o isolamento social, milhões de pessoas em todo o mundo encontraram nas plataformas digitais uma forma de se conectar, entreter e, em muitos casos, sobreviver economicamente. Profissionais que perderam seus empregos tradicionais migraram para o ambiente digital, buscando novas maneiras de monetizar suas habilidades.

De artistas e professores a chefs de cozinha, os criadores de conteúdo explodiram em número e diversidade, dando vida a uma economia inteira que, até então, parecia acessível apenas para uma elite tecnológica.

Estima-se que em 2021, mais de **50 milhões de pessoas** ao redor do mundo se identificavam como criadores de conteúdo, com uma economia global de mais de **104 bilhões de dólares**, segundo relatórios da SignalFire. Esse crescimento exponencial reflete não apenas uma mudança nas dinâmicas de trabalho, mas também uma revolução cultural, em que a criação de conteúdo não é mais uma atividade secundária ou de hobby, mas uma profissão central para milhões de pessoas.

Os impactos econômicos e culturais

O impacto econômico da *creator economy* é vasto. Antes, o sucesso financeiro estava atrelado a corporações ou grandes instituições. Agora, indivíduos podem construir impérios pessoais, monetizando sua influência e conteúdo diretamente. Isso deslocou o poder das grandes empresas de mídia para os próprios criadores, que negociam diretamente com marcas e plataformas, ou até desenvolvem suas próprias linhas de produtos e serviços. Plataformas como YouTube, TikTok e Patreon passaram a ser vistas como as "fábricas" desse novo sistema econômico, em que os *creators* são os novos operários criativos.

Culturalmente, esse fenômeno também mudou a forma como consumimos e valorizamos o conteúdo. Na era da atenção fragmentada, vídeos curtos e dinâmicos têm mais impacto do que programas de TV ou filmes longos. Além disso, o conteúdo gerado por *creators* é visto como mais autêntico, representando um rompimento com a estética polida e altamente produzida das mídias tradicionais. Isso criou um espaço no qual a autenticidade e a conexão pessoal são os novos valores centrais. A estética "perfeita" deu lugar a narrativas mais reais e imperfeitas, e isso reflete um desejo do consumidor por um conteúdo que represente sua própria vida e realidade.

A *creator economy* também traz uma série de desafios. Embora haja um número crescente de criadores que conseguem transformar sua presença on-line em carreiras lucrativas, a maioria ainda enfrenta dificuldades em garantir estabilidade financeira. Muitos dependem de algoritmos que podem mudar repentinamente, afetando sua visibilidade e, por consequência, sua renda. A saúde mental também emerge como um grande desafio, pois a pressão para produzir conteúdo constantemente e se manter relevante pode levar ao esgotamento criativo e emocional.

Outro aspecto importante é a concentração de poder nas mãos das plataformas. Embora os *creators* tenham mais autonomia do que nunca, o fato de dependerem de plataformas como YouTube, TikTok e Instagram para alcançar suas audiências coloca-os em uma posição vulnerável. As políticas de monetização podem mudar, os algoritmos podem ser ajustados e, em casos extremos, contas podem ser desativadas, interrompendo fluxos de receita sem aviso prévio.

O impacto político e social

O impacto político da *creator economy* também não pode ser ignorado. Durante a pandemia, vimos um aumento significativo no uso de redes sociais para mobilizações sociais e políticas. Criadores de conteúdo desempenharam papéis centrais na disseminação de informações (e desinformações), campanhas de conscientização e até na organização de protestos.

Esse poder de moldar narrativas colocou a *creator economy* no centro de debates sobre liberdade de expressão, censura e controle de informação.

Além disso, as marcas precisaram se ajustar rapidamente a essa nova realidade. O marketing tradicional, baseado em anúncios invasivos e campanhas de massa, já não é suficiente. As marcas agora precisam trabalhar diretamente com os criadores, desenvolvendo parcerias autênticas que ressoem com o público de forma genuína. O modelo de influência se transformou: não basta mais ter um grande número de seguidores, é preciso gerar engajamento real e estabelecer uma conexão profunda com a audiência.

Revolução e futuro

Olhando para o futuro, é possível prever que a *creator economy* continuará a crescer e a transformar não apenas a forma como trabalhamos, mas também como nos conectamos e consumimos. Com o avanço da inteligência artificial e a expansão de novas tecnologias, como o metaverso, os criadores poderão explorar ainda mais formas de monetizar seu conteúdo e expandir suas audiências. O futuro dessa economia parece estar na construção de experiências imersivas e personalizadas, e os criadores terão um papel central na definição de como essas novas realidades digitais serão moldadas.

Para além disso, a *creator economy* também pode ser vista como um prenúncio de uma mudança mais ampla na forma como pensamos o trabalho e a economia. Em vez de depender de empregos tradicionais e estruturas corporativas rígidas, estamos testemunhando o nascimento de uma economia mais flexível, em que indivíduos têm mais controle sobre suas carreiras e fontes de renda. O desafio será garantir que esse novo modelo seja sustentável a longo prazo, o que oferece proteção e segurança para aqueles que escolhem trilhar esse caminho.

No final das contas, o que a *creator economy* representa é a emancipação do indivíduo criativo. Não estamos apenas testemunhando uma mudança tecnológica, mas uma revolução cultural e econômica, na qual a criatividade se torna o principal capital, e as plataformas digitais, os novos mercados. O futuro pertence àqueles que souberem entender e aproveitar as oportunidades que esse novo mundo oferece.

A criatividade como capital

Na *creator economy*, a criatividade não é apenas uma habilidade desejável, mas o ativo central que define o sucesso ou o fracasso. Antes, o capital financeiro ou o controle dos meios de produção eram os fatores dominantes. Agora, o cenário mudou. A capacidade de um indivíduo de transformar uma ideia em conteúdo – seja vídeo, áudio, arte ou texto – é o que gera valor. As plataformas digitais, como TikTok, Instagram, YouTube e até Substack, não são apenas meios de distribuição, mas verdadeiros mercados onde a criatividade é mercantilizada de forma direta. Quem tem uma ideia original, ou uma abordagem diferenciada, pode monetizar isso sem depender de intermediários tradicionais.

O que estamos presenciando é a democratização da economia criativa. Qualquer pessoa com um smartphone e conexão à internet pode competir diretamente com grandes corporações de mídia. Isso quebra monopólios históricos da criação de conteúdo e coloca o poder nas mãos do indivíduo. Um bom exemplo disso é a explosão dos *podcasters*, como o brasileiro Mano Brown com o *Mano a Mano*, ou a ascensão de criadores de conteúdo como Nath Finanças, que educa financeiramente milhões de brasileiros por meio das redes sociais, sem depender de uma grande emissora de TV ou rádio.

Inovadores do presente e o futuro da criatividade

Os inovadores contemporâneos da *creator economy* têm mostrado que a revolução vai muito além de gerar entretenimento ou conteúdo comercial. Personalidades como Gilberto Gil, que já inovou na música e na política, com o *Banda Larga Cordel*, projeto do qual tive a honra e o prazer de participar, é um exemplo de como figuras já consagradas também aproveitam as novas dinâmicas de distribuição digital para expandir suas vozes criativas. Ele transformou seu trabalho em uma colaboração global, aproveitando as novas plataformas para se conectar diretamente com o público e discutir temas sociais e culturais.

O que diferencia essa era de outras revoluções criativas do passado é o impacto profundo que ela tem em diversas camadas da sociedade. A *creator economy* não apenas cria novas oportunidades econômicas, mas também afeta a maneira como nos relacionamos com o trabalho, o consumo de conteúdo e as marcas. Se antes o sucesso profissional estava associado a um caminho linear, com empregos estáveis e estruturas hierárquicas, hoje os criadores trabalham de forma autônoma, construindo suas próprias carreiras com base em suas paixões e talentos. Isso representa uma ruptura cultural significativa, especialmente para as gerações mais jovens, que enxergam na *creator economy* uma possibilidade de independência financeira e realização pessoal sem os obstáculos tradicionais.

Entretanto, esse novo cenário também traz desafios. A pressão para criar constantemente, a instabilidade dos algoritmos das plataformas e a necessidade de se manter relevante em um mar de conteúdo são questões que impactam diretamente a saúde mental dos criadores. Além disso, há uma dependência crescente das plataformas, que, ao controlar os algoritmos e as políticas de monetização, acabam detendo um poder significativo sobre o sucesso dos criadores.

Por outro lado, as oportunidades são vastas. A capacidade de um indivíduo construir uma audiência global, explorar diferentes formatos de conteúdo e monetizar diretamente é algo que não tem precedentes. As marcas, por sua vez, também estão aprendendo a navegar nessa nova realidade. Em vez de criar campanhas publicitárias convencionais, elas estão buscando se alinhar com *creators* de forma genuína, criando colaborações que fazem sentido para o público.

O futuro da *creator economy*

As implicações futuras dessa revolução são imensas. Conforme tecnologias como a inteligência artificial e o metaverso avançam, a *creator economy* também deve se expandir para novos territórios. Imagine um mundo em que criadores têm ainda mais ferramentas para personalizar suas criações, a realidade aumentada e virtual são parte do dia a dia e a criatividade é amplificada por máquinas que aprendem a replicar estilos e estéticas, colaborando diretamente com os humanos na produção de conteúdo.

No entanto, talvez o maior impacto seja na forma como reimaginamos o trabalho. O trabalho criativo, muitas vezes marginalizado ou considerado menos estável, passa a ser uma força motriz da economia global. O criador de conteúdo, antes visto como um hobby, se torna uma peça central da economia moderna, moldando comportamentos culturais e até mesmo influenciando a política. Como veremos nos próximos anos, a *creator economy* não é apenas uma fase, mas uma nova era, na qual a criatividade, a autenticidade e a capacidade de contar histórias se tornaram os bens mais valiosos do mundo.

Essa é a emancipação final do indivíduo criativo: a capacidade de viver da própria imaginação, sem amarras a estruturas corporativas rígidas, moldando o futuro por meio de uma conexão genuína com seu público.

Marcas x *creators*

No cenário da *creator economy*, a relação entre as marcas e a comunicação de massa sofreu uma transformação radical. Se antes as grandes corporações de mídia controlavam as narrativas e dominavam os canais de comunicação, hoje essa hegemonia está se fragmentando. As marcas, que outrora se destacavam por suas campanhas publicitárias de larga escala, precisam agora se adaptar a um novo ecossistema, no qual a comunicação não é mais unidirecional, mas baseada em diálogos e cocriação de conteúdo com *creators*.

A morte da comunicação de massa unidirecional

O modelo tradicional de comunicação de massa, em que uma mensagem era enviada para milhões de pessoas simultaneamente, está perdendo eficácia. A televisão, o rádio e até os jornais, que já foram os pilares da publicidade e do marketing, ainda têm seu papel, mas o impacto deles é reduzido em um mundo em que as atenções estão diluídas em diversas plataformas digitais. Isso exige uma revisão profunda das estratégias de marcas que antes contavam com a televisão para atingir grandes audiências.

Por outro lado, o consumo de conteúdo se tornou altamente segmentado. As plataformas digitais como YouTube, Instagram e TikTok permitem que os usuários escolham o que, quando e onde querem consumir, criando nichos específicos de audiência. O poder está nas mãos do público. Para as marcas, o desafio agora é identificar esses nichos e desenvolver estratégias que se conectem de forma mais autêntica e menos invasiva. A ideia de campanhas publicitárias de grande escala foi substituída pela necessidade de criar relevância em escala micro, colaborando diretamente com criadores que possuem audiência engajada e afinidade com o conteúdo.

Marcas e *creators*: o novo modelo de parceria

As marcas perceberam que precisam construir uma presença mais orgânica nas plataformas digitais. Em vez de interromper a experiência do usuário com anúncios tradicionais, elas agora precisam se envolver com criadores que já possuem uma conexão genuína com suas audiências. Essa parceria vai além do patrocínio: ela é, muitas vezes, uma colaboração criativa, na qual o *creator* tem a liberdade de moldar a mensagem da marca de acordo com seu estilo e sua voz. Isso resulta em campanhas que se parecem menos com publicidade e mais com um conteúdo autêntico que ressoa com a audiência.

Um exemplo emblemático é o caso de Casey Neistat, cineasta, vlogger e empresário norte-americano, conhecido por seu estilo inovador de vídeos no YouTube e pela cofundação do aplicativo Beme (vendido à CNN). Ele ajudou a redefinir o papel da publicidade com o famoso vídeo patrocinado pela Nike, em que usou o orçamento da campanha para viajar o mundo em dez dias e criar um conteúdo inspirador sobre liberdade e aventura. O sucesso do vídeo, que se tornou viral, mostrou que a cocriação com *creators* pode gerar campanhas muito mais impactantes do que a publicidade tradicional.

Essa abordagem funciona porque os *creators* possuem uma autenticidade que as marcas sozinhas dificilmente conseguem replicar. A relação entre o criador e sua audiência é baseada na confiança e na identificação. Quando uma marca entra nessa dinâmica, ela se beneficia dessa relação preexistente. É por isso que grandes empresas estão cada vez mais investindo em marketing de influência, movendo seus orçamentos publicitários dos meios tradicionais para as parcerias com *creators*.

O desafio da autenticidade e o perigo da saturação

Entretanto, essa nova relação entre marcas e criadores também traz desafios. À medida que mais marcas entram no espaço digital, há um risco de saturação. Quando muitos *creators* estão promovendo produtos e marcas, a autenticidade pode ser comprometida. A audiência, que é sensível a conteúdos excessivamente comerciais, pode começar a questionar a integridade de certos criadores, caso percebam que estão promovendo produtos apenas por dinheiro, e não por afinidade genuína.

Outro ponto crítico é o controle da narrativa. No modelo tradicional de publicidade, as marcas controlavam todas as etapas da criação e distribuição da mensagem. Com a *creator economy*, esse controle se dilui. As marcas precisam confiar no *creator* para transmitir sua mensagem de maneira que ressoe com o público, o que muitas vezes implica abrir mão de uma narrativa completamente roteirizada e permitir que o criador imprima sua própria marca na campanha.

A revolução dos modelos de negócio

Essa nova dinâmica também revela uma transformação mais ampla nos modelos de negócio. Marcas que antes dependiam quase exclusivamente de agências de publicidade e mídia tradicional estão agora criando times internos especializados em comunicação digital e marketing de influência. Além disso, o papel das agências está mudando; elas não são mais intermediárias entre marcas e meios de comunicação, mas facilitadoras de parcerias criativas entre marcas e criadores.

As marcas que não conseguirem se adaptar a essa nova realidade enfrentarão dificuldades. A tentativa de replicar o modelo do mundo físico no digital – com campanhas publicitárias que interrompem a experiência do usuário – já se provou ineficaz. O mundo digital exige uma abordagem mais sutil e colaborativa, na qual as marcas se tornam parte da conversa em vez de monopolizá-la.

Perspectivas para o futuro

Com a ascensão de novas tecnologias como o metaverso, NFTs (tokens não fungíveis) e a realidade aumentada, as possibilidades de colaboração entre marcas e criadores se expandem ainda mais. O futuro da *creator economy* parece estar na interseção entre a economia criativa e essas novas tecnologias imersivas, em que as marcas poderão se envolver ainda mais profundamente com os criadores em espaços digitais que simulam o mundo real.

Por exemplo, podemos imaginar um futuro em que marcas como a Nike ou Adidas criam experiências imersivas dentro do metaverso, onde os *creators* são os guias dessa nova realidade virtual. Marcas não estarão apenas vendendo produtos, mas cocriando experiências e narrativas junto com os usuários. Esses ambientes digitais serão os novos "espaços comerciais", mas em vez de vitrines, o que estará à venda é a experiência compartilhada e o pertencimento a uma comunidade digital.

No final, o que estamos testemunhando é uma mudança profunda e irreversível na comunicação de massa. A publicidade tradicional ainda tem seu espaço, mas as marcas que realmente irão se destacar serão aquelas que entenderem que, no coração da *creator economy*, está a necessidade de autenticidade, colaboração e relevância. O público, agora mais do que nunca, exige uma comunicação que converse com suas realidades e desejos – e os *creators* são os condutores dessa nova era.

A Web3 e sua importância nesse cenário

Não dá pra falar do presente e do futuro da comunicação sem mencionar a Web3. Diferente da internet que conhecemos, dominada pelas grandes plataformas centralizadas (Web2), a Web3 é uma internet em que as coisas não pertencem mais a um único dono ou empresa, mas são descentralizadas. Com tecnologias como *blockchain* e NFTs, essa nova fase coloca os criadores no controle, devolvendo a eles a propriedade e o poder de decidir o que fazer com seu conteúdo. Não se trata apenas de tecnologia, mas de uma transformação que devolve ao criador o protagonismo e a autonomia sobre o que ele produz.

O impacto disso é significativo: antes, tudo dependia das plataformas. Criávamos conteúdo, e essas plataformas decidiam quem veria, como seria monetizado e quanto o criador ganharia. Com a Web3, existe a possibilidade de registrar digitalmente o conteúdo como NFTs, o que permite que um vídeo, música ou arte seja vendido diretamente ao público como um ativo único e rastreável, sem intermediários. E mais, se esse ativo é revendido no futuro, o criador ainda ganha uma parte dessa transação. Isso cria uma nova economia, em que a arte e a criação digital ganham status de bens reais, com valor próprio, e o criador retém controle e receita contínua.

Essa mudança vai além da economia; ela é também cultural. O digital não é mais só entretenimento; ele reflete quem somos, como nos expressamos e nos conectamos com o mundo. Com a Web3, fãs apoiam seus artistas favoritos de forma íntima, comprando partes do processo criativo, se tornando quase cocriadores. E para as marcas, o papel também muda. Elas precisam sair da posição dominante e entrar nesse ecossistema de forma colaborativa, parceira. O velho formato de publicidade intrusiva perde espaço, e quem entende que *creators* são mais que veículos para "empurrar" produtos prospera nesse novo mundo.

A Web3 é mais do que um novo modelo digital; ela emancipa a criatividade. Pela primeira vez, existe uma estrutura em que a criatividade é tratada como algo realmente valioso e tangível no ambiente digital. Não só fragmentamos a atenção, mas distribuímos propriedade e participação, possibilitando que qualquer um entre nessa nova realidade.

Capítulo 5

A VELHA HISTÓRIA DE REJEITAR O NOVO

Quantas vezes as novas tecnologias foram vistas como sentença de morte para as que vieram antes? Em vários momentos da história, a inovação encontrou resistência, acompanhada de previsões de fim. Nos anos 1950, quando a televisão começou a ganhar espaço, muitos previram o colapso do rádio.

Mais tarde, com a chegada da internet, a televisão parecia condenada à obsolescência. Mas o que aconteceu? A TV se reinventou e o rádio, longe de desaparecer, encontrou uma nova vida – ressurgindo reimaginado com força por meio dos podcasts.

Contra todas as expectativas, essas mídias não só sobreviveram como se adaptaram e mudaram de papel na vida cotidiana. A inovação, afinal, não destrói o que veio antes; ela provoca transformações que abrem novas oportunidades.

A paixão pelo podcast

O podcast traz uma inovação única, uma mistura de simplicidade e profundidade que responde diretamente às demandas do nosso tempo. Se olharmos com cuidado, ele não é apenas uma evolução do rádio, mas um reflexo claro de como as tecnologias se transformam, se adaptam e encontram novos lugares no cotidiano das pessoas. No coração do podcast está a revolução da **personalização** e da **intimidade**, características que marcam essa nova fase da comunicação.

O que o podcast traz de novo?

A grande novidade que o podcast introduz está no seu **formato sob demanda**. Ao contrário das mídias tradicionais como rádio e TV, em que os horários de transmissão são fixos, o podcast permite que o ouvinte tenha total controle sobre o que ouvir, quando e onde. Isso já é uma ruptura imensa com o passado. As pessoas buscam, cada vez mais, consumir conteúdo em seus próprios termos. E é exatamente isso que o podcast oferece: uma experiência sob medida, que pode ser encaixada em qualquer momento do dia, desde o caminho para o trabalho até aquele momento de descontração na academia.

Além disso, o podcast vai direto ao encontro de uma mudança cultural mais ampla: a democratização da criação de conteúdo. Hoje, qualquer pessoa com um microfone e um computador pode criar um podcast. O que antes exigia enormes investimentos em estúdios, concessões e equipamentos agora está ao alcance de muitos. Isso permitiu o surgimento de novas vozes, narrativas alternativas e a criação de uma cultura de nichos, em que as pessoas podem encontrar conteúdos extremamente específicos que muitas vezes não tinham espaço nos grandes meios de comunicação.

Dados que comprovam a revolução

Se olharmos os números, fica evidente o impacto que o podcast está tendo. Em 2021, mais de 57% dos americanos já haviam escutado um podcast, e esse número continua a crescer ano após ano. No Brasil, a ABPod estimou que cerca de 44% da população já consumiu podcasts, e o brasileiro médio escuta em torno de 7,5 horas semanais desse tipo de conteúdo.

Essa explosão de popularidade tem muito a ver com a acessibilidade e a conveniência. O podcast se encaixa perfeitamente nas lacunas da vida cotidiana moderna, permitindo que as pessoas aprendam, se informem ou se divirtam enquanto realizam outras atividades. Dirigir, caminhar, cozinhar – todas essas tarefas podem ser acompanhadas por uma boa história ou uma conversa instigante.

E, claro, a pandemia de covid-19 acelerou essa tendência. Durante os períodos de isolamento, o podcast se tornou uma companhia constante para milhões de pessoas. Houve um aumento significativo no número de ouvintes e criadores de conteúdo, já que muitos buscaram novas maneiras de se conectar, aprender e se distrair. Plataformas como Spotify e Apple Podcasts viram um crescimento expressivo no consumo de podcasts, transformando o formato em um pilar central da mídia digital.

Conexões com o contexto cultural e social

Culturalmente, o podcast representa um retorno à oralidade. Vivemos em uma era visual, dominada por vídeos, memes e imagens, mas o podcast resgata a tradição da narrativa falada, da conversa íntima. Ouvir um podcast é, muitas vezes, um ato solitário, mas profundamente conectivo. Ele cria um laço direto entre o ouvinte e o criador, quase como se estivessem em uma conversa privada. Isso gera um nível de engajamento emocional que poucas mídias conseguem.

No aspecto social, o podcast também se encaixa perfeitamente no que podemos chamar de "cultura multitarefa". As pessoas querem consumir conteúdo sem precisar dedicar toda a atenção a uma tela. O áudio permite que isso aconteça de forma natural, integrando o entretenimento e a informação com as atividades do dia a dia. E, ao contrário do rádio, em que as grandes emissoras ditam o que vai ao ar, os podcasts oferecem liberdade total de escolha. É a mídia que se ajusta ao ouvinte, e não o contrário.

Desafios e oportunidades

No entanto, junto com todas essas oportunidades, vêm desafios. O primeiro é a saturação do mercado. Com o número crescente de podcasts sendo lançados diariamente, a competição pela atenção dos ouvintes é acirrada. Há milhares de programas disputando o mesmo tempo limitado dos usuários. Isso força os criadores a serem cada vez mais inovadores e consistentes na produção de conteúdo de qualidade.

Outro desafio é a monetização. Embora existam muitos podcasts que conseguem gerar renda por meio de patrocínios, publicidade ou assinaturas, a grande maioria ainda luta para transformar a produção de conteúdo em uma fonte de sustento financeiro. O modelo de monetização ainda está em evolução, e plataformas como Spotify e Apple estão experimentando novas formas de oferecer remuneração justa aos criadores. Mas o caminho para garantir que todos os podcasters possam viver de suas criações ainda é longo.

A revolução continua

O podcast não é apenas mais uma mídia, é uma revolução. Ele desafia os modelos de comunicação anteriores e cria novas oportunidades de conexão. Ao oferecer flexibilidade, personalização e uma conexão emocional direta, ele responde a muitas das necessidades contemporâneas em termos de consumo de conteúdo.

Ele é também um reflexo de como as inovações não destroem o que veio antes, mas transformam. O rádio não desapareceu, ele se adaptou e encontrou novas formas de engajar as pessoas. O podcast é o exemplo perfeito dessa capacidade de transformação, em que uma antiga tecnologia encontra novos caminhos para se conectar com as pessoas em um mundo digital e acelerado. E, assim como aconteceu com o rádio e com tantas outras tecnologias, o que vemos com o podcast é apenas o começo de uma longa jornada de adaptação e inovação.

Em um cenário no qual o tempo e a atenção se tornaram os maiores ativos, o podcast oferece uma resposta simples e eficaz: histórias e ideias que se moldam à sua vida, no seu ritmo. Essa é a revolução que estamos vivendo, e ela só está começando.

Junção de mídias

O mesacast é um exemplo claro de como as mídias podem se reinventar e convergir. Ele combina o melhor dos dois mundos: o dinamismo e a profundidade do podcast com o apelo visual e interativo do videocast.

Enquanto o podcast tradicional foca o áudio, permitindo que as pessoas o ouçam a qualquer hora e em qualquer lugar, o mesacast adiciona uma camada visual ao formato, o que representa uma experiência mais completa e imersiva. Ao assistir a uma conversa, o público pode observar as reações, a linguagem corporal e até a química entre os participantes, algo que o áudio sozinho não capta.

Essa junção de mídias permite que o conteúdo seja consumido tanto de maneira passiva, como o áudio tradicional, quanto de forma ativa, com a visualização em vídeo, oferecendo flexibilidade para atender diferentes preferências e momentos do dia. O mesacast reflete essa nova era de conteúdo multimídia, em que as barreiras entre formatos se dissolvem para criar uma experiência mais rica e engajadora.

Podcasts: a volta à narrativa oral

Avançando para os dias atuais, o surgimento do podcast pode ser visto como uma resposta direta à demanda por conteúdos mais longos e profundos. Em um mundo digital em que vídeos curtos e textos rápidos dominam, o podcast resgata a narrativa oral, permitindo que as pessoas se envolvam profundamente com temas complexos enquanto realizam suas atividades diárias.

O podcast reflete um padrão histórico já conhecido: quando uma mídia parece focar excessivamente em superficialidade e velocidade, surge uma reação em direção à profundidade. Esse movimento pode ser comparado ao surgimento do romance epistolar no século 18, que trouxe uma narrativa muito mais íntima e profunda, contrastando com os panfletos informativos e ensaios curtos que circulavam na época.

O grande aprendizado aqui é que, quando as mídias se adaptam às novas rotinas e comportamentos das pessoas, sem forçar a mudança, elas conseguem manter o equilíbrio entre inovação e conexão emocional. O podcast encontrou seu lugar porque, ao contrário dos vídeos rápidos, ele se adapta ao comportamento moderno – permitindo que as pessoas consumam conteúdo enquanto fazem outras atividades, sem interrupções.

Essa busca pela volta às narrativas longas e envolventes, como o podcast, nos lembra que a comunicação oral sempre desempenhou um papel fundamental na conexão humana. Desde as histórias contadas ao redor da fogueira até as radionovelas e agora os podcasts, o poder de ouvir e refletir sobre uma história nos conecta de maneira única.

Um modelo para entender o impacto da tecnologia

Muita gente abraça novidades. Mas, igualmente, muita gente rejeita o novo, com medo, ceticismo e receio pelo impacto que ele gera.

Marshal McLuhan, como já mencionei no início deste livro, estudou o impacto do novo que chega. Em meados do século 20, com sua teoria da Tétrade ou Quatro Leis da Mídia, ele demonstrou como analisar o efeito de uma nova tecnologia ou inovação na sociedade. Quando uma novidade tecnológica chega, ela transforma a comunicação, a cultura e o comportamento humano, e seus efeitos precisam ser avaliados sob quatro aspectos:

1. **O que essa tecnologia aperfeiçoa ou amplifica?** A nova tecnologia amplifica uma capacidade já existente? O rádio, por exemplo, amplificou a capacidade de transmissão de voz e de histórias em tempo real. Também amplificou a capacidade de transmitir emoção e urgência de maneira instantânea e íntima. E levou a narrativa diretamente para dentro da casa das pessoas.

2. O que ela torna obsoleto? Ao amplificar algo, a nova tecnologia torna uma tecnologia anterior desatualizada. O rádio, por sua vez, tornou o jornal impresso, ou talvez toda a comunicação impressa, menos relevante como fonte imediata de notícias. Os impressos não conseguiam mais competir com a velocidade e a sensação de imediatismo oferecida pelo novo meio.

3. O que essa inovação recupera? A tecnologia nova recupera algo do passado que estava em desuso? O rádio trouxe de volta o poder da narrativa oral, das histórias contadas e ouvidas em grupo, em voz alta para as massas, criando uma experiência comunitária, apesar da solidão de cada ouvinte em sua casa.

4. O que ela reverte ou traz de desafios? Quando levada ao extremo, a tecnologia pode criar efeitos colaterais ou desafios imprevistos. O rádio, ao amplificar a confiança do público, acabou sendo usado para manipular e enganar, como no caso clássico da transmissão de Orson Welles, "A guerra dos mundos". O evento demonstrou o perigo de confiar cegamente em uma mídia de massa, o que levou a uma discussão sobre as responsabilidades dos veículos de comunicação e as formas de manipulação em larga escala.

Essas quatro etapas acontecem simultaneamente e nos ajudam a entender como as inovações tecnológicas moldam a vida. Ou seja, uma inovação sempre aperfeiçoará algo, tornará outras coisas obsoletas, recuperará aspectos do passado e poderá trazer novos desafios, talvez imprevistos.

De qualquer maneira, as perguntas que precisamos fazer são: estamos atentos a como as novas ferramentas que vêm chegando – e também as que chegarão – impactam nossa capacidade de nos comunicar? Estamos apenas transpondo velhas soluções para novas mídias, repetindo padrões obsoletos do passado, sem adaptarmos o conteúdo aos novos contextos?

Estamos cometendo os mesmos erros antigos e apenas mudando sua embalagem? Estamos resistindo às inovações por medo de sair do conforto do conhecido para ter que mudar?

A velha história de resistir ao novo

A história da comunicação é marcada por momentos em que novas tecnologias surgem, criando transformações profundas, mas também resistências poderosas.

O que muitos não percebem é que o ciclo que enfrentamos atualmente, com o advento da internet, das redes sociais e da inteligência artificial, não é novo. A resistência às novas mídias e o medo de como elas podem mudar nossa forma de consumir informação, de contar histórias, de trabalhar e até mesmo de entender o mundo já aconteceu várias e várias vezes ao longo da história da humanidade.

As mídias mudam, os contextos são outros, mas os desafios permanecem.

Desde as arenas de Cícero, passando pela invenção da imprensa de Gutenberg, pelo rádio, pelo cinema e pela televisão, até chegar à internet, o padrão se repete: a chegada de novas mídias é acompanhada pela disseminação de mentiras – as chamadas fake news. E com elas virão censura, tentativas de controle e, claro, uma forte resistência à mudança.

Vamos entender como isso se desenvolveu ao longo dos séculos e como a tecnologia pode, em vez de nos distanciar, servir para criar experiências mais autênticas e profundas.

A invenção da imprensa e as mentiras

A invenção da imprensa por Johannes Gutenberg, no século 15, é amplamente reconhecida como um dos momentos mais revolucionários da história da comunicação. Mas, assim como ocorre hoje, a democratização da informação trouxe desafios.

Com a popularização da imprensa, não apenas livros religiosos e científicos passaram a circular, mas também panfletos de caráter difamatório e boatos. Esses panfletos foram os precursores das chamadas fake news, muitas vezes disseminando mentiras sobre figuras públicas e religiosas.

Durante a Reforma Protestante, os escritos de Martinho Lutero foram usados para espalhar suas ideias rapidamente por toda a Europa, mas, ao mesmo tempo, contrapanfletos falsos foram distribuídos, atacando-o e distorcendo suas palavras.

Esse ciclo de desinformação não é novo. Naquele contexto, a Igreja Católica, com seu poder, reagiu criando o *Index Librorum Prohibitorum* (Índice de Livros Proibidos, em tradução livre) uma tentativa de controlar o conhecimento e a narrativa. Eles perceberam que o conhecimento disseminado sem controle era perigoso para o *status quo*. Isso resultou na queima de livros, na censura e no medo de que a nova tecnologia – a imprensa – destruísse a ordem estabelecida.

A resistência às novas mídias sempre esteve profundamente ligada a fatores sociais e culturais. No caso da imprensa, o desafio era desestabilizar um sistema de controle de conhecimento que já existia havia séculos.

O monopólio da palavra escrita estava nas mãos das elites e da Igreja, e a imprensa desafiou esse equilíbrio. As mentiras da época não apenas impactavam figuras públicas, mas também criavam pânico moral em uma sociedade que se via confrontada com novas ideias e novos valores.

Essa mesma dinâmica pode ser vista hoje, quando a internet possibilitou a disseminação rápida de informações, mas também trouxe consigo uma avalanche de fake news. O medo do desconhecido, o pânico diante de algo que não pode ser controlado, sempre gera resistência.

O antídoto para combater as fake news está presente nas próprias redes sociais. Quanto mais os "especialistas e donos do conhecimento" estiverem presentes e provendo conteúdo para as redes sociais, e se conectando de forma autêntica com o público, mais estarão combatendo as fake news. Quanto menos cientistas souberem usar as redes sociais com a fluência na linguagem *creator*, mais espaço para negacionistas teremos. E, novamente, isso não é novo.

Se voltarmos ao passado, vamos ver que Drauzio Varella, por exemplo, conta que apenas quando foi ao programa do Jô Soares, na TV, conseguiu que a sociedade o ouvisse e mudasse, ou seja, era um médico usando o canal de massa da ocasião para influenciar e mudar a sociedade, e pautar o governo e as leis.

O telégrafo e a desumanização

Vamos voltar ao início do século 19, com a invenção do telégrafo. Antes dessa tecnologia, a comunicação a distância era feita por cartas que demoravam dias, semanas ou até meses para chegar ao destinatário. O telégrafo mudou tudo, porque permitiu que mensagens fossem transmitidas quase instantaneamente (três dias era instantâneo naquele contexto). Mas essa inovação, assim como a internet, trouxe seu próprio conjunto de resistências.

Muitos temiam que o telégrafo desumanizasse a comunicação. O fato de poder transmitir mensagens curtas e rápidas fez com que as pessoas achassem que a comunicação perderia sua personalização e profundidade. Cartas, antes carregadas de detalhes pessoais e sentimentos, agora eram reduzidas a códigos curtos e frios. Assim como o texto digital ou a mensagem de WhatsApp, o telégrafo foi visto como uma ameaça à conexão humana.

No entanto, o telégrafo acabou criando novas formas de relacionamento. Jornais, por exemplo, passaram a receber notícias mais rapidamente, o que mudou completamente a forma como o mundo consumia informações. Os desafios eram semelhantes aos de hoje: como adaptar essa nova tecnologia para que as pessoas continuassem se conectando de forma profunda e genuína, sem sentir que estavam sendo forçadas a usar uma nova linguagem que as desconectava emocionalmente.

O PAI DO TELÉGRAFO E DO CABOGRAM

Samuel Morse, mais conhecido por desenvolver o telégrafo elétrico e o código Morse, foi um dos pioneiros da comunicação a distância. Em 1837, Morse e seu colaborador, Alfred Vail, demonstraram pela primeira vez o sistema telegráfico, que usava impulsos elétricos transmitidos através de fios para enviar mensagens codificadas. Esse sistema revolucionou a comunicação global, transformando o que antes levava dias ou semanas em uma questão de minutos.

O telégrafo de Morse não apenas reduziu drasticamente o tempo de transmissão de informações, mas também inaugurou uma nova era de interconexão global. Foi o primeiro sistema de comunicação verdadeiramente instantâneo, permitindo que governos, empresas e até mesmo famílias pudessem trocar informações de forma muito mais rápida e eficiente. O telégrafo foi o precursor das redes de comunicação modernas e é frequentemente referido como o "pai" da internet devido ao seu impacto similar.

Um dos momentos mais marcantes na história do telégrafo foi a criação do cabo telegráfico transatlântico, ou "cabogram". Antes do cabogram, as comunicações entre a América do Norte e a Europa dependiam de navios que transportavam cartas, um processo que poderia levar semanas. Em 1858, o primeiro cabo telegráfico submarino foi instalado entre a Irlanda e Newfoundland, no Canadá, conectando o Velho Mundo ao Novo Mundo em tempo recorde.

O cabogram permitiu a transmissão de mensagens entre os continentes em questão de minutos, algo impensável até então. Foi um marco na aceleração da globalização, e facilitou não só a comunicação comercial e governamental, mas também pessoal. Graças a ele, pessoas separadas por um oceano puderam reconectar-se de forma instantânea.

O impacto emocional dessa inovação foi significativo. Antes do telégrafo, famílias e amigos que viviam em continentes diferentes podiam ficar meses sem notícias uns dos outros. Com o cabogram, essas distâncias pareceram menores, e muitos reencontros foram facilitados pela possibilidade de se comunicar rapidamente. O telégrafo permitiu que pessoas se reencontrassem em um nível emocional, oferecendo a possibilidade de trocar informações em tempo real, o que antes era impossível.

Governos também usaram o cabogram para manter seus diplomatas informados em tempo real sobre crises internacionais, e as empresas globais começaram a fazer negócios em escala muito mais ampla. O telégrafo, portanto, não apenas acelerou a comunicação, mas também ajudou a reconectar o mundo, criando laços que haviam sido distanciados pela geografia.

O impacto do telégrafo e do cabogram na comunicação global foi profundo. A capacidade de enviar mensagens instantâneas entre continentes não apenas acelerou o ritmo dos negócios e da política, mas também permitiu que as pessoas se reencontrassem emocionalmente. Hoje, o telégrafo pode parecer uma tecnologia simples, mas foi o primeiro passo para a comunicação global que conhecemos e usamos todos os dias.

O cinema e a censura

Assim como o rádio e a imprensa, o cinema foi outro meio de comunicação que desafiou normas sociais e culturais. Quando começou a crescer no início do século 20, ele foi visto como uma forma de subversão, especialmente pelos governos e instituições religiosas. O Código Hays, implantado em Hollywood entre os anos 1930 e 1960, foi uma tentativa clara de controlar a narrativa e garantir que o cinema não se tornaria uma ferramenta de desestabilização moral.

As autoridades de diversos países consideravam o cinema uma ameaça ao seu controle sobre os cidadãos. Acreditava-se que o cinema tinha o poder de hipnotizar as massas com imagens de violência, sexo e críticas sociais de forma que outros meios de comunicação não conseguiam. O Código Hays foi uma consequência desse medo, uma tentativa de "domesticar" o cinema, tornando-o aceitável e controlado.

A repressão ao cinema também reflete os fatores culturais e sociais da época. A sociedade americana, nos anos 1930, estava lutando com a Grande Depressão, e o cinema era uma forma de escapismo, mas também de crítica social. O medo de que os filmes pudessem incitar rebeliões ou inspirar comportamentos desviantes era um reflexo direto dos desafios econômicos e sociais daquela era.

No entanto, a tentativa de controle não impediu que o cinema continuasse a inovar e a desafiar essas barreiras. Ele evoluiu e se tornou uma das formas mais poderosas de contar histórias, exatamente como o rádio e a imprensa fizeram antes.

A televisão e o controle de narrativas

Nos anos 1950, a televisão surgiu como o novo gigante da comunicação, com o poder de unificar uma nação inteira em torno de um evento. De eventos esportivos a transmissões históricas, como o assassinato de John F. Kennedy, a televisão rapidamente se tornou o principal meio de informação e entretenimento. No entanto, assim como seus predecessores, a TV também enfrentou resistência e controle.

A televisão trouxe consigo a preocupação de que as narrativas de massa estariam controlando a população de maneira uniforme. Na época da Guerra do Vietnã, por exemplo, as imagens controladas pelo governo dos Estados Unidos tentavam mostrar uma versão muito mais positiva do conflito do que realmente estava acontecendo no campo de batalha. As redes de televisão se tornaram, assim, ferramentas poderosas de manipulação, mas também de resistência, como vimos quando a realidade da guerra começou a ser exposta.

O pouso na Lua

O pouso na Lua, em 1969, foi um marco que capturou a atenção do mundo inteiro, mas, assim como muitas inovações históricas, também provocou ceticismo. A magnitude desse feito, que parecia desafiar os limites tecnológicos da época, gerou dúvidas em parte do público, que preferiu acreditar que tudo não passava de uma encenação. Teorias conspiratórias sugeriam que o pouso teria sido filmado em um estúdio, alimentadas pela desconfiança generalizada na mídia e no governo em meio à Guerra Fria. Esse ceticismo, no entanto, não diminuiu o impacto que o pouso teve ao transformar nossa compreensão do espaço e do que a humanidade é capaz de realizar.

Esse momento histórico ecoa um padrão observado ao longo dos séculos: grandes mudanças muitas vezes encontram resistência antes de serem plenamente aceitas – assim como o pouso na Lua, que trouxe o impossível para o domínio do visível. A ligação entre esses eventos está no poder de capturar a atenção das massas e moldar o comportamento coletivo. No caso da imprensa, as ideias de Martinho Lutero incendiaram a Reforma Protestante, mudando o curso da história. Da mesma forma, a chegada do homem à Lua inspirou gerações e reconfigurou nosso lugar no Universo.

Esses exemplos refletem a tese deste livro, que explora como o controle da atenção sempre foi crucial para grandes transformações. Seja a democratização do conhecimento pela prensa de Gutenberg ou a captura da imaginação global pelo pouso na Lua, o poder de influenciar percepções e mobilizar sociedades continua sendo um dos motores mais fortes de mudança.

A internet e o novo ciclo de fake news

Chegando à era digital, a internet e as redes sociais se tornaram a nova fronteira da comunicação, assim como o rádio, o cinema e a televisão. Do mesmo modo que a internet trouxe uma série de inovações, ela também gerou resistências, manipulações e, claro, fake news em uma escala sem precedentes.

As fake news que circularam durante a eleição presidencial norte-americana de 2016, por exemplo, e a brasileira de 2018 mostraram o poder das redes sociais em manipular e polarizar a opinião pública. Os algoritmos, que deveriam oferecer uma experiência personalizada e fluida, muitas vezes acabam criando bolhas que reforçam preconceitos e desinformação.

No entanto, o grande desafio da internet não está apenas em resolver o problema das fake news, mas em criar conexões reais num ambiente em que a personalização excessiva pode levar ao isolamento. A internet tem a capacidade de conectar milhões de pessoas, mas também pode afastá-las se não for usada para promover autenticidade e transparência.

Queima de livros e partituras: quando a informação se torna perigosa

Um dos exemplos mais marcantes de resistência ao novo é a prática de queimar livros. Essa ação, que se repetiu ao longo da história, mostra o medo do poder da informação e o desejo de controlar o que pode ser lido ou divulgado. As queimas de livros têm um significado profundo: elas representam a tentativa de extinguir ideias antes que elas tenham a chance de se espalhar.

Um caso clássico foi o episódio de queima de livros na Alemanha nazista, em 1933. Naquele ano, o regime de Adolf Hitler organizou eventos públicos em várias cidades alemãs para queimar livros considerados "subversivos" ou "não alemães". Obras de autores judeus, comunistas e de oposição ao regime, como Bertolt Brecht e Sigmund Freud, foram jogadas às chamas. Esse evento simbolizou o desejo do regime nazista de controlar a narrativa cultural e de eliminar qualquer ideia que pudesse desafiar sua ideologia.

Mas essa prática de queimar informações não se restringiu a livros. Um exemplo menos conhecido, mas igualmente significativo, foi a queima de partituras em determinados períodos históricos. No século 18, por exemplo, com o crescimento da popularidade da partitura musical, compositores e maestros mais tradicionais se opuseram à ideia de que a música, antes exclusiva à performance ao vivo e aos seus autores, fosse democratizada a ponto de qualquer pessoa com acesso a uma partitura poder tocá-la.

Essa resistência à partitura é curiosa porque, assim como os pintores retratistas na época da invenção da fotografia, os músicos temiam perder sua posição exclusiva de guardiões da arte musical. A partitura permitia que mais pessoas tivessem acesso à música, sem a necessidade de estar na presença do compositor ou do intérprete original. Esse fato, embora tenha democratizado a prática musical, gerou preocupações sobre a diluição da interpretação e a perda de controle sobre a forma como a música era tocada.

A partitura: o poder de democratizar a música

A invenção da partitura musical, aliás, foi um divisor de águas na história da música. Antes dela, as músicas eram transmitidas de forma oral, de músico para músico, e a execução de uma peça dependia da memória e da habilidade individual de cada intérprete. Com a partitura, pela primeira vez a música podia ser registrada de forma permanente e precisa, o que permitia que fosse executada por músicos de diferentes tempos e lugares.

Essa inovação trouxe uma série de impactos positivos. A música se tornou mais acessível e começou a ser reproduzida e distribuída em grande escala. Isso não apenas preservou a obra de grandes compositores como Bach, Mozart e Beethoven, como também possibilitou que músicos amadores tivessem acesso a composições complexas que, de outra forma, nunca seriam tocadas por eles.

Mas, assim como qualquer inovação, a partitura também teve seu lado negativo. Muitos compositores começaram a se preocupar com a perda do controle sobre a interpretação de suas obras. A música, que antes era algo vivo e em constante mudança a cada performance, começou a se tornar algo mais fixo e padronizado. Além disso, a proliferação de partituras levou a um fenômeno curioso: quanto mais uma música era reproduzida, menos ela parecia única.

O debate sobre a partitura reflete o dilema da inovação tecnológica: ela democratiza o acesso, mas também levanta questões sobre qualidade, controle e autenticidade.

A fotografia e o roubo da alma

Outro exemplo emblemático de resistência a uma nova tecnologia foi a invenção da fotografia, no início do século 19. A fotografia permitiu que as imagens do mundo real fossem capturadas de forma precisa, sem a necessidade de um pintor para interpretá-las. Mas, como vimos, essa inovação trouxe consigo uma série de medos e mitos.

Os portratistas, que eram responsáveis por reproduzir a imagem de pessoas e paisagens antes da fotografia, sentiram a ameaça ao seu ganha-pão. Muitos protestaram contra a fotografia, argumentando que ela jamais capturaria a essência de uma pessoa da mesma forma que a arte manual. Em paralelo, circulavam mitos de que a fotografia era capaz de roubar a alma das pessoas. Essa crença, muitas vezes alimentada por boatos e desinformação, criou um ambiente de medo místico em torno da fotografia.

Os primeiros anos da fotografia também foram marcados por fake news. Jornais e panfletos sensacionalistas relatavam histórias de câmeras que causavam doenças, mortes misteriosas ou até explosões. Essas notícias, por mais absurdas que parecessem, geraram uma resistência inicial à adoção da tecnologia, especialmente em áreas mais conservadoras.

A chegada de qualquer nova tecnologia sempre vem acompanhada de medo e desconfiança, especialmente quando ela altera de forma radical a maneira como as pessoas enxergam o mundo.

O ciclo infinito de inventar e reinventar-se

O que todos esses exemplos nos mostram é que o ciclo de inovação e resistência é algo intrínseco ao avanço das mídias e das tecnologias. A imprensa de Gutenberg democratizou o conhecimento, mas também foi acusada de espalhar desinformação e provocar heresias. A partitura musical permitiu que mais pessoas tocassem música, mas foi criticada por desregular o controle do direito autoral. A fotografia tornou possível capturar o mundo com precisão, mas despertou medos irracionais e mitos sobre o roubo da alma.

Hoje, a internet e as redes sociais seguem esse mesmo ciclo. A promessa de democratizar a comunicação trouxe consigo um novo desafio: o surgimento das mentiras em uma escala global. Assim como aconteceu com a fotografia, a internet abriu novos caminhos para a manipulação da realidade, com a disseminação de notícias falsas e teorias da conspiração.

Mas assim como nas revoluções anteriores, o que a história nos ensina é que o progresso sempre encontra maneiras de superar os obstáculos iniciais. As tecnologias que hoje enfrentam resistência têm o potencial de se transformar em ferramentas poderosas para expandir as possibilidades humanas. O ciclo de inovação e resistência continuará, mas as lições do passado nos mostram que, no fim, as novas mídias sempre encontram uma forma de conquistar o coração das pessoas. Basta sabermos utilizá-las da melhor maneira, e sem interrupção.

Capítulo 6

COMO NÃO INTERROMPER?

A resposta para esse dilema está em algo que, paradoxalmente, tornou-se cada vez mais raro: a autenticidade.

Em um mundo digital repleto de filtros, edições rápidas e polidez superficial, as pessoas estão famintas por algo verdadeiro. A demanda crescente por conexões reais e honestas reflete uma transformação no comportamento da audiência, que já não se impressiona tanto com uma perfeição fabricada, mas busca vulnerabilidade e histórias autênticas. Aqui há uma conexão com o passado novamente: o Cinema Novo, de Glauber Rocha, ganhou atenção e relevância por conta de buscar o não perfeito.

Cinema Novo no Brasil: contra o "cinema perfeito"

Glauber Rocha e outros cineastas dos anos 1960 rejeitaram a estética hollywoodiana, preferindo um cinema mais cru, de baixo orçamento, que refletisse as realidades sociais e políticas do Brasil. Glauber dizia que não era a perfeição técnica que importava, mas sim a verdade emocional. Ele chamava isso de "a estética da fome".

O que isso tem a ver com hoje?

Da mesma forma, o público nas redes sociais agora está saturado de filtros, de fotos perfeitas e de vidas idealizadas. Ele quer ver o que é real, imperfeito, e que carrega uma história verdadeira. A fase "sem filtro" das redes sociais é quase um reflexo digital do movimento liderado por Glauber, que queria mostrar as verdades por trás das câmeras.

O movimento Cinema Novo rejeitou as superproduções impecáveis de Hollywood, propondo uma abordagem mais crua e real. Glauber dizia que era preciso fazer um cinema que refletisse a verdade do povo brasileiro, mesmo que isso significasse usar câmeras amadoras ou filmar nas ruas. Ele defendia que o importante era a mensagem, não a técnica perfeita.

Essa abordagem é o que estamos vendo no cenário digital atual: uma rejeição do perfeito, do polido, em favor do real e autêntico. Vídeos filmados com celulares, sem edição, que mostram o cotidiano de forma honesta, estão ganhando cada vez mais espaço. Assim como Glauber queria que o cinema revelasse a fome e a pobreza como elas eram, as redes sociais agora revelam vidas reais, sem os retoques que antes eram a norma.

Essa busca pela verdade visual é uma resposta à saturação de conteúdo artificial, exatamente como o Cinema Novo foi uma resposta ao cinema industrializado de Hollywood. A autenticidade, tanto no passado quanto no presente, se torna uma arma poderosa na batalha pela atenção e pela conexão emocional.

O desafio da autenticidade em tempos de excesso

Nos anos 2000, quando o conteúdo digital começou a se expandir, a internet era um território de idealização. Influenciadores e marcas apresentavam vidas perfeitas, com curadoria cuidadosa, feita e editada para que parecessem inatingíveis. Durante muito tempo isso funcionou.

No entanto, como acontece com toda narrativa exaustiva, o público começou a se cansar da perfeição. Perfis excessivamente polidos, perfeitos, irreais, começaram a perder a conexão emocional, e o público, saturado por essa artificialidade, voltou sua atenção para o conteúdo real, cru e honesto.

Essa mudança não surgiu por acaso, mas em resposta a uma combinação de fatores econômicos, sociais e culturais. Em tempos de instabilidade econômica, desigualdade social e desconfiança nas instituições, as pessoas passaram a desacreditar em perfeições inatingíveis e passaram a buscar histórias mais alinhadas com sua própria realidade.

Podemos observar essa transição no próprio surgimento de plataformas como o TikTok, que revolucionaram a maneira como criamos e consumimos conteúdo. O sucesso da plataforma não está ligado ao conteúdo perfeito e altamente produzido, mas à sua capacidade de capturar momentos cotidianos de maneira honesta e espontânea. Criadores de conteúdo que antes precisavam de equipamentos caros e edições sofisticadas agora gravam vídeos simples com o celular, que muitas vezes tornam-se virais.

Essa nova era da comunicação de massa, impulsionada pelos algoritmos, expôs o desejo das pessoas por uma conexão mais profunda e significativa com o conteúdo. Os filtros perderam espaço, enquanto o conteúdo real ganhou relevância. O público, cansado da superficialidade, está cada vez mais à procura de histórias que reflitam sua vida, seus medos e aspirações.

A crise de confiança nas marcas

A busca por autenticidade, entretanto, não é exclusiva dos criadores de conteúdo. As marcas também enfrentam esse desafio. A confiança nas marcas diminuiu nos últimos anos, e os consumidores estão mais críticos e exigentes em relação ao que consomem. De acordo com Edelman Trust Barometer, estudo anual da Edelman, uma das maiores agências de relações públicas do mundo, que mede o nível de confiança do público em quatro grandes instituições (governo, empresas, ONGs e mídia), apenas 34% dos consumidores confiam nas marcas que compram. Isso evidencia uma crise de confiança que obriga as empresas a mudar suas abordagens.

O público quer mais do que apenas ser informado; ele deseja ser envolvido emocionalmente, sentir que há uma identificação por trás de cada produto ou serviço oferecido. Esse movimento em direção à autenticidade é exemplificado por campanhas como a da Dove, com seu projeto "Real Beauty", que rejeitou os padrões de beleza tradicionais e optou por uma abordagem mais inclusiva, mostrando mulheres de diferentes formas, tamanhos e idades. A marca conseguiu capturar a atenção ao humanizar a experiência, e destacou a importância da autoestima e da aceitação pessoal.

Mais profundidade e valores

A geração Z, nascidos entre aproximadamente 1997 e 2012, é considerada a mais cética com relação a marcas e a mais fiel àquelas que são autênticas. De acordo com um estudo da McKinsey, 79% da Geração Z prefere consumir marcas que promovem transparência e autenticidade. Eles desconfiam de campanhas muito polidas e estão mais inclinados a consumir conteúdo que reflete a realidade, especialmente quando envolve causas sociais que ressoam com seus valores.

Essa mesma geração está redefinindo o futuro do marketing. O que antes era dominado por grandes produções agora está sendo tomado por campanhas que apostam no real e no imperfeito. A marca Patagonia, por exemplo, não só defende causas ambientais como também se posiciona a favor dos direitos humanos, e isso lhe rendeu uma base de consumidores extremamente fiéis. Da mesma forma, a Patagonia se destaca ao integrar práticas sustentáveis e uma comunicação genuína sobre os processos de produção, o que ajudou a construir uma base de consumidores que compartilham os mesmos valores. O sucesso dessas marcas demonstra que a transparência e a autenticidade são as novas moedas da economia da atenção.

À medida que a superficialidade perde força, há um retorno ao conteúdo de longo formato, algo que parecia impossível em um mundo onde vídeos de quinze segundos dominam as plataformas sociais. Podcasts, vídeos de análise e entrevistas longas estão voltando a ganhar espaço, pois oferecem uma profundidade e reflexão que o conteúdo curto não pode proporcionar.

Programas como *The Joe Rogan Experience* e *Conversa com Bial* mostram que o público está disposto a dedicar horas a discussões e reflexões mais profundas. Esse fenômeno revela um paradoxo: embora vivamos em uma era de fragmentação da atenção, as pessoas ainda buscam conteúdo significativo e transformador, que as faça pensar e questionar o mundo ao seu redor.

Segundo a empresa de coleta de dados americana Statista, o número de ouvintes de podcasts nos EUA já passa de 160 milhões de pessoas. Esse crescimento reflete um cansaço da superficialidade, uma disposição a investir tempo em conteúdos mais substanciais. No entanto, esse desejo por profundidade levanta uma questão fundamental: como equilibrar a autenticidade e a profundidade em um mundo em que os algoritmos continuam priorizando a velocidade e o conteúdo curto?

Vivemos numa época em que a conexão emocional supera qualquer produção impecável. As marcas que tentam se adaptar a esse novo paradigma ainda não entenderam que, em um mundo de infinitas opções, o que as pessoas mais buscam é ver a si mesmas refletidas no conteúdo que consomem. O TikTok nos lembra que o mais poderoso de todos os filtros é a ausência de filtros. O mais importante é a conexão.

A ascensão dos algoritmos

Na era digital, a quantidade de conteúdo disponível é muito volumosa. As plataformas e redes sociais ofereceram às pessoas a capacidade de criar e consumir conteúdo a qualquer momento e em qualquer lugar. Contudo, essa saturação de informações trouxe um novo desafio: como capturar a atenção e, mais importante, o coração da audiência, em meio a tantos estímulos? Essa nova disputa não é apenas por tempo de tela, mas por conexão emocional, autenticidade e profundidade.

A ascensão dos algoritmos transformou radicalmente a forma como consumimos conteúdo. Com uma infinidade de opções à disposição, seria praticamente impossível navegar pelo mar de informações sem o auxílio de sistemas de recomendação. Plataformas como Netflix, YouTube e TikTok utilizam algoritmos sofisticados para prever o que o público quer ver, com base em seu comportamento de navegação e consumo. Embora esses algoritmos proporcionem uma experiência fluida, eles também têm implicações profundas sobre a maneira como moldam nossa atenção e preferências.

O grande segredo dos algoritmos é que eles não interrompem, mas oferecem mais do que acreditam que queremos. Se, por um lado, isso mantém o público imerso em horas de conteúdo, por outro, cria uma bolha de informações, na qual o usuário é exposto apenas ao que confirma seus gostos e preconceitos anteriores. Essa personalização extrema contribui para uma experiência sem interrupções, mas também levanta preocupações sobre a diversidade de pensamento e a possibilidade de manipulação.

No entanto, o grande desafio para os criadores de conteúdo e para as marcas não é entregar somente o que o público quer, mas também usar os algoritmos para criar uma experiência que não seja apenas sobre consumo, mas sobre conexão autêntica.

Enquanto navegamos pela era dos algoritmos, uma coisa permanece clara: o que nos conecta ao conteúdo não é apenas a recomendação precisa, mas a narrativa humana por trás dele. Marcas e criadores de conteúdo precisam equilibrar a inovação tecnológica com o desejo do público por algo mais real e significativo.

À medida que a tecnologia avança, o futuro da comunicação de massa dependerá da capacidade de equilibrar o poder dos dados com a autenticidade das histórias.

Roberto Medina e os classificados autênticos

Nos anos 1970, os classificados de jornais eram uma das principais formas de compra e venda de bens no Brasil, e isso incluía, obviamente, os carros. No entanto, os anúncios de carros nos classificados seguiam um formato muito tradicional e pouco atrativo: textos pequenos, praticamente sem imagens, lotados de informações técnicas e com pouco apelo visual. Para quem queria vender ou comprar um carro, essa forma de anúncio era eficaz, mas não exatamente envolvente.

Foi nesse cenário que Roberto Medina, já um visionário no campo da publicidade, percebeu uma oportunidade de inovação. Ele entendeu que, para chamar a atenção do público e vender mais carros, era preciso transformar o modo como os anúncios eram exibidos, e isso começava com o visual. Medina enxergou que os anúncios precisavam ser mais do que listas de produtos; eles deveriam ser uma experiência visual e emocional.

Ele introduziu a ideia – que foi uma grande sacada – de usar imagens grandes e coloridas nos classificados de carros, algo raro na época. Ele sabia que, ao melhorar o apelo visual dos anúncios, poderia conquistar a atenção de um público que estava acostumado com o formato tradicional dos classificados.

Essa nova forma de anúncio trazia carros vistosos, em fotos grandes, ao lado de chamadas emocionais que falavam mais do desejo do que das características técnicas. Em vez de uma lista de especificações frias, Medina apostou em uma narrativa visual que levava as pessoas a imaginarem a experiência de dirigir aquele carro. As fotos dos veículos mostravam os automóveis em movimento, em paisagens bonitas ou em cenários que evocavam liberdade, aventura e status. Esse tipo de apelo era inédito para os anúncios de carros nos jornais e acabou transformando a forma como os consumidores interagiam com os classificados.

A mudança que Medina trouxe para os classificados de carros no Brasil não foi apenas visual. Ao introduzir esse novo modelo de anúncio, ele estava revolucionando a linguagem na venda de veículos. O foco deixou de ser apenas a função do carro e passou a ser o estilo de vida que ele proporcionava. Isso influenciou diretamente a maneira como as pessoas desejavam um automóvel, indo além da necessidade de transporte.

Mais que simples anúncios, esses classificados transformaram-se em uma ferramenta de aspiração social. Os carros que Medina apresentava em seus anúncios eram, muitas vezes, símbolos de status e liberdade, elementos fundamentais para o público da época.

A abordagem visual e emocional de Medina impactou a indústria de anúncios de automóveis e a própria cultura de consumo. De repente, as pessoas estavam comprando não apenas um meio de locomoção, mas o sonho de uma vida mais emocionante e cheia de estilo.

Inovar sem interromper

Essa transformação nos classificados também enfrentou alguns desafios. A publicidade de automóveis sempre foi bastante técnica, focada em vender o produto pelo que ele fazia e não pelo que representava. A mudança para uma abordagem mais emocional e menos técnica exigiu uma mudança cultural dentro das próprias montadoras e agências de publicidade.

Medina enfrentou resistências no início, mas com o tempo ficou claro que o modelo que ele propunha vendia mais carros. As montadoras começaram a perceber que o público não queria apenas saber sobre quilometragem e cavalos de potência – queria se ver dirigindo o carro em sua vida diária, sentindo o prestígio de estar ao volante de um veículo bem-posicionado. Esse foi o ponto em que Medina ganhou o coração do público. Ele entendeu, antes de muitos outros, que não bastava informar, era necessário encantar.

O caso de Medina e os classificados de carros mostra que a inovação na comunicação não precisa interromper, mas pode ser feita de maneira que atraia e envolva o público sem forçar a venda. Ao transformar os classificados em um espaço visual e aspiracional, Medina conseguiu capturar a atenção de maneira fluida, quase natural, ao integrar os sonhos e desejos dos consumidores à sua narrativa publicitária.

Esse exemplo nos mostra como a comunicação pode evoluir para se adaptar ao comportamento humano, criando uma experiência imersiva e emocional que vai além da simples oferta de produtos. Da mesma forma que as marcas hoje tentam capturar a atenção dos consumidores com conteúdos relevantes, Medina capturou a atenção do público de sua época ao oferecer mais do que o esperado – ele entregou uma experiência visual que mudou a forma como as pessoas enxergavam o produto.

A partir dessa inovação nos classificados de carros, Medina consolidou-se como um dos maiores publicitários do Brasil, e sua visão transformadora viria a impactar muitos outros segmentos da comunicação. O formato que ele introduziu nos classificados passou a ser amplamente copiado por outras categorias de produtos e estabeleceu novos padrões de como os veículos, em especial, seriam promovidos.

Mais do que isso, a lição que Medina nos deixa é que não importa o meio, a mensagem sempre pode ser reinventada para capturar a atenção de uma nova maneira. Os classificados de carros, que antes eram um espaço frio e técnico, tornaram-se um território de experiências e aspirações, algo que ressoa até hoje em qualquer estratégia publicitária bem-sucedida.

A transformação que Roberto Medina trouxe aos classificados de carros nos jornais é um exemplo brilhante de inovação na comunicação e de como adaptar-se às necessidades e desejos do público é a chave para capturar a atenção sem interromper. Ao transformar anúncios frios e técnicos em experiências visuais e emocionais, Medina elevou os classificados a um novo patamar, criando uma conexão mais forte e duradoura com os consumidores.

Vamos comparar como eram os anúncios antes da transformação de Roberto Medina e depois da sua intervenção inovadora nos classificados de carros:

ANTES	DEPOIS
TEXTO TÉCNICO E SEM DESTAQUE VISUAL	**ANÚNCIOS COMPLETAMENTE VISUAIS E EMOCIONAIS**
Os anúncios de carros antes de Medina seguiam um formato puramente informativo, com pouco apelo visual.	Medina trouxe grandes imagens coloridas, em destaque, que capturavam a atenção do leitor imediatamente. O foco passou a ser mais visual e emocional, com o carro aparecendo como parte de um estilo de vida.
Exemplo: "Vende-se Fusca 1975, cor branca, motor 1300, excelente estado. Preço: Cr$ 10.000,00. Interessados, ligar para 1234-5678".	Exemplo: "Sinta a liberdade: Fusca 1975, perfeito para suas aventuras. Motor potente e impecável. Venha fazer um test drive hoje!"
Aqui, o anúncio era direto e informava apenas os detalhes do carro, sem qualquer atrativo visual ou emocional para envolver o leitor.	Imagem: um Fusca branco em uma estrada aberta, ao pôr do sol, evocando um sentimento de liberdade e aventura. A mudança trouxe emoção para o anúncio, sugerindo uma experiência em vez de apenas vender o carro.
LISTAS LONGAS E DESORGANIZADAS	**USO DE CHAMADAS ATRATIVAS E FOTOS EM MOVIMENTO**
Os anúncios eram agrupados em longas colunas de texto, com muitos veículos listados um ao lado do outro, tornando difícil para o leitor se concentrar em um único carro.	Medina introduziu chamadas que não apenas descreviam o carro, mas contavam uma história ou sugeriam como o carro faria parte da vida do comprador.
Exemplo: "Corcel II 1980, azul, ótimo estado, motor 1.4, documentação em dia, Cr$ 15.000,00. Dodge Polara 1978, bege, revisado, Cr$ 12.000,00. Brasília 1979, cor marrom, motor 1600, Cr$ 8.500,00.	Exemplo: "Chevette 1979 – conquiste as ruas com elegância. Um clássico que combina potência e estilo. Venha dirigir o seu hoje mesmo!"

A falta de separação visual fazia com que o leitor precisasse "caçar" as informações importantes, sem um ponto de destaque.	(Imagem: um Chevette prata em uma avenida movimentada, com pessoas admirando o carro, sugerindo status e estilo.) A imagem do carro em movimento, ao contrário de uma simples foto estática, ajudava a projetar a ideia de ação e desempenho, algo que capturava melhor a imaginação do comprador.
POUCA OU NENHUMA IMAGEM	**IMAGENS GRANDES E ATRAENTES, COM FOCO NO CARRO**
Quando havia imagens, elas eram pequenas e em preto e branco, muitas vezes mal definidas e colocadas ao lado de longos blocos de texto descritivo.	Ao contrário das pequenas fotos em preto e branco, Medina colocou imagens em destaque, com o carro sendo o foco principal, em fotos bem-produzidas e muitas vezes em ambientes que evocavam liberdade, aventura ou luxo.
Exemplo: "Chevette 1979, cor prata, único dono. Foto abaixo".	Exemplo: "Brasília 1979: o carro perfeito para sua jornada. Conforto e potência em todos os caminhos".
Uma pequena foto em preto e branco, com o carro pouco visível, geralmente escondida em meio ao texto. As imagens eram secundárias e não serviam para "vender" o carro visualmente, mas apenas para ilustrar de forma muito básica.	Imagem: uma Brasília marrom rodando por uma estrada rural com colinas ao fundo, sugerindo resistência e confiabilidade. A foto ampliada e em cores era central no anúncio, chamando a atenção do leitor e tornando o veículo desejável, não apenas pelo produto, mas pela experiência que ele proporcionaria.

Os três Cs da autenticidade: um ciclo histórico de comunicação

A busca pela **autenticidade** na comunicação não é um fenômeno recente. Ao longo da história, vimos sociedades e culturas se adaptarem, constantemente, para se conectarem de forma genuína. Em tempos de transformação, as estruturas de poder e influência passam por mudanças que nos forçam a repensar como nos comunicamos. A verdade é que esse ciclo de evolução, pautado pelos pilares de **conexão**, **conteúdo** e **comunidade**, sempre esteve presente.

Conexão: a ponte entre pessoas e ideias

Se olharmos para a história, veremos que a **conexão** sempre foi o primeiro passo. Nos grandes impérios, o controle da narrativa era o controle do poder. A partir da invenção da escrita, a comunicação deixou de ser limitada à oralidade e passou a ter permanência. O que possibilitou o florescimento das culturas foi a capacidade de criar **conexões** que transcendiam o tempo e o espaço.

O que acontece hoje, no cenário digital, nada mais é do que a repetição de um ciclo em que a atenção e o coração das pessoas precisam ser conquistados em meio a um excesso de informações e estímulos. A diferença é que agora fazemos isso em alta velocidade, mas a lógica da conexão permanece a mesma: se não conseguimos tocar as pessoas de forma genuína, tudo o que produzimos se perde.

Historicamente, grandes movimentos culturais, como o Renascimento ou a Era da Ilustração, surgiram a partir do momento em que a **conexão** entre pessoas, ideias e tecnologias possibilitou novas formas de ver o mundo. A conexão entre a audiência e quem fala deve ser orgânica, baseada na confiança e na troca real de valor. Quando rompemos essa relação de troca, arriscamos perder o respeito e a atenção.

Conteúdo: o poder de moldar narrativas

O segundo pilar, o **conteúdo**, carrega consigo o poder de moldar as narrativas que sustentam uma sociedade. Da poesia épica de Homero à retórica de Sócrates, ao longo da história, o **conteúdo** nunca foi meramente informativo. Sempre foi uma ferramenta de pertencimento, um meio de se conectar com o espírito de seu tempo. E é por isso que o conteúdo autêntico, aquele que realmente engaja, é o que respeita o contexto, as histórias e as experiências do público.

Na Era Industrial, por exemplo, vimos a ascensão da propaganda como um formato dominante de comunicação. O conteúdo passou a ser fabricado em massa e, por um tempo, funcionou. Contudo, esse modelo se esgotou. Quando a comunicação se tornou impessoal e descolada das necessidades e desejos das pessoas, a credibilidade das instituições entrou em crise. Foi quando surgiram movimentos que resgataram a **personalização** e o valor do discurso relevante. O público não queria mais ser tratado como massa anônima, e o conteúdo devia refletir isso, resgatando o respeito pela individualidade e identidade de quem o consome.

Comunidade: a força coletiva

O terceiro e último C, a **comunidade**, é talvez o mais essencial para a sobrevivência de qualquer sistema de comunicação ao longo do tempo. Desde as primeiras aldeias até as redes sociais modernas, **comunidades** foram o alicerce da coesão social. Sempre que uma mensagem, um conteúdo ou uma ideia conseguem reunir um grupo de pessoas em torno de um propósito comum, temos uma força social poderosa.

Na história, as **comunidades** que prosperaram foram aquelas que criaram laços fortes entre seus membros, com base na troca, no compartilhamento e no sentido de pertencimento. Os movimentos sociais e até as grandes revoluções políticas e culturais, como o Iluminismo, foram construídos a partir de uma forte noção de comunidade. A comunicação autêntica, portanto, precisa dialogar diretamente com esses grupos, reconhecer seu papel na construção de valores e reforçar esses laços.

Se uma marca, ou uma empresa, ou mesmo uma ideia, deseja ser perene, ela precisa se integrar ao tecido social de suas **comunidades** de forma natural, sem ser vista como um corpo estranho. As tentativas de forçar a inserção ou de manipular essas comunidades nunca perduraram, porque falham em entender a essência da troca e do respeito mútuo.

Um ciclo repetido na História

Se voltarmos à história, veremos que as sociedades prosperaram quando souberam respeitar esses três pilares da comunicação. A **conexão** estabeleceu as pontes, o **conteúdo** deu corpo às ideias e as **comunidades** solidificaram essas trocas em movimentos coesos. Quando algum desses elementos foi negligenciado, o resultado foi o rompimento da comunicação e, em muitos casos, o colapso de estruturas sociais.

O que estamos vivendo hoje, na era digital, é uma nova manifestação de um ciclo que já aconteceu. O excesso de informação, a fragmentação das narrativas e a urgência por pertencimento são desafios contemporâneos, mas os melhores caminhos são aqueles que respeitam essa tríade atemporal.

As marcas, assim como qualquer outro agente comunicacional, que entenderem a lógica dos três Cs – **conexão**, **conteúdo** e **comunidade** – conseguirão se comunicar com autenticidade e relevância, não apenas hoje, mas ao longo de qualquer transformação social.

A **autenticidade** na comunicação não é uma fórmula mágica ou um truque tecnológico, mas sim um princípio que tem se repetido ao longo da história. Ao respeitarmos a importância de nos conectarmos de maneira verdadeira, criarmos conteúdo relevante e cultivarmos comunidades coesas, navegamos pelos ciclos de transformação social com mais sabedoria e impacto.

Essa é a lição que a história nos ensina: a **autenticidade** surge quando entendemos e aplicamos os três Cs de forma consciente, com visão de longo prazo.

Nos próximos capítulos nos aprofundaremos em cada um desses aspectos.

Capítulo 7

CONEXÃO: O DESAFIO DE NÃO HAVER INTERRUPÇÃO

A comunicação bem-sucedida não interrompe, mas conecta.

O mundo nunca para de se transformar. Olhando para tudo o que foi discutido, fica claro que a história da comunicação é uma jornada de adaptação, reinvenção e, muitas vezes, de resiliência. Desde as primeiras formas de mídia, como o rádio e o cinema, passando pela revolução da televisão e o impacto explosivo da internet, cada novo avanço trouxe consigo o mesmo questionamento: como capturar a atenção sem interromper?

Se há algo que aprendemos com o passado é que a resposta nunca é uma só. Não existe um único caminho ou fórmula para conquistar o público, mas existe uma constante: a necessidade de respeitar o ritmo das pessoas, entender seus desejos e, acima de tudo, não as forçar a ouvir.

Olhamos para trás e vemos que, em cada momento de ruptura, a adaptação foi o ponto crucial. Os cineastas que usaram a música para transformar emoções em uma experiência sensorial, os jornalistas que souberam dialogar com a contracultura sem perder a crítica e os criadores que encontraram maneiras de fazer o público ansiar por mais... Todos eles compreenderam que a atenção não é conquistada pela força, mas pelo valor que entregamos.

Cada exemplo aqui mostra que a comunicação de sucesso é aquela que se integra à vida das pessoas. Não é sobre gritar mais alto ou interromper com maior frequência, mas sobre criar diálogos contínuos, nos quais o público se vê e se sente parte de algo maior. A verdade é que a comunicação bem-sucedida é, no fundo, uma relação de confiança. Uma conexão forte e autêntica.

Marcas, mídias e criadores que entendem essa dinâmica sabem que não basta apenas entregar mensagens. É preciso criar contextos, gerar conversas e, principalmente, não interromper. O público de hoje – assim como o de ontem e o de sempre – valoriza aquilo que respeita seu tempo e engaja sua mente e seu coração.

Se em outros momentos da história da comunicação vivíamos em um mundo de escolhas binárias – ou isso ou aquilo –, agora estamos vivendo na era do "E". As pessoas não querem apenas uma experiência linear, nem ser tratadas como um bloco homogêneo. Elas querem uma comunicação que seja ao mesmo tempo diversa e unificada, personalizada e universal, informativa e emocional.

As marcas que irão triunfar não são aquelas que escolhem um único caminho, mas as que sabem navegar por múltiplos canais e criar experiências simultâneas que respeitam as pessoas onde elas estão. É sobre criar o contexto certo para a pessoa certa, no momento certo, sem perder a autenticidade.

Enquanto olhamos para o futuro, a única certeza que temos é que ele será mais complexo, mas ao mesmo tempo cheio de possibilidades. As novas tecnologias, como a inteligência artificial, a realidade aumentada e tantas outras inovações, vão continuar desafiando a forma como contamos histórias. Mas o coração da comunicação continuará o mesmo: a capacidade de ouvir, adaptar-se e não interromper.

O que o passado nos ensina sobre o futuro da comunicação?

A comunicação não precisa interromper as pessoas para conquistar sua atenção. Pelo contrário, as mídias mais bem-sucedidas são aquelas que se adaptam ao comportamento humano e encontram maneiras de se integrar às rotinas sem criar barreiras artificiais.

Olhando para o passado, desde o telégrafo, passando pelas revistas até o podcast, vemos que a verdadeira inovação não está em forçar o público a mudar, mas em acompanhar as mudanças no comportamento humano e se ajustar a elas. Cada nova mídia traz resistência, mas também traz oportunidades para reinventar a forma como nos conectamos.

O caso do vôlei: adaptação a novas demandas da TV

Nos anos 1990, o vôlei passava por uma transformação. Embora já fosse um esporte popular em muitos países, a maneira como os jogos eram apresentados ao público na televisão precisava mudar. A televisão, que já havia transformado outros esportes como o futebol e o basquete, exigia um formato mais dinâmico, capaz de prender a atenção de uma audiência que estava cada vez mais acostumada com a rapidez e a intensidade de outros esportes.

A grande questão era: como manter a essência do vôlei, um esporte com regras tradicionais e tempo de jogo indefinido, e ao mesmo tempo adaptá-lo ao ritmo da televisão moderna, na qual os intervalos e a fluidez eram fundamentais para manter a atenção do público?

No início dos anos 1990, as transmissões de vôlei tinham um grande problema de interrupção no ritmo. O formato tradicional da partida permitia que um set durasse longos minutos sem um desfecho claro, com muitos rallys e trocas de bola. Além disso, os pontos só eram marcados quando o time que sacava ganhava o rally, o que tornava o jogo muitas vezes lento e arrastado.

As transmissões de televisão exigiam uma mudança nesse padrão. O público da TV estava se acostumando a esportes com desfechos mais rápidos e resultados mais previsíveis em termos de tempo de duração. O vôlei, por outro lado, muitas vezes não oferecia essa previsibilidade, o que dificultava a programação e o engajamento da audiência.

Foi nesse contexto que, em 1999, a Federação Internacional de Voleibol (FIVB) decidiu implementar uma mudança drástica nas regras do jogo, adotando o Rally Point System. A mudança de regra permitia que qualquer uma das equipes pudesse pontuar em um rally, independentemente de quem estivesse sacando. Essa simples alteração dinamizava o jogo, tornando-o mais fluido e garantindo que cada rally tivesse uma conclusão mais rápida e satisfatória para o público.

Com essa mudança, o vôlei passou a ter sets mais curtos e intensos, e o jogo se tornou mais competitivo e emocionante de assistir na televisão. Além disso, a nova regra facilitou a vida das emissoras de TV, que agora podiam programar suas transmissões com mais precisão, sabendo que o tempo de duração de cada set seria mais previsível.

A mudança nas regras do vôlei foi um exemplo claro de como um esporte pode evoluir para atender às demandas da mídia e do público sem perder sua essência. O Rally Point System fez com que o jogo se tornasse mais dinâmico e adaptado ao ritmo da televisão, garantindo que a atenção do público fosse mantida de maneira contínua.

Não interromper é crucial para manter a audiência engajada. No caso do vôlei, a mudança de regras evitou que o público se desconectasse devido à falta de previsibilidade e à lentidão dos jogos, criando uma experiência de visualização mais fluida e adaptada ao novo comportamento da audiência.

No Brasil, o vôlei já era um esporte popular, mas foi na década de 1990 que ele atingiu novos patamares de audiência e engajamento. A Seleção Brasileira de Voleibol, tanto no masculino quanto no feminino, passou a conquistar títulos internacionais importantes, como as Olimpíadas e o Campeonato Mundial, e o público brasileiro abraçou o esporte de maneira definitiva.

As transmissões de jogos de vôlei na televisão brasileira se tornaram eventos imperdíveis, e a nova dinâmica do jogo contribuiu para aumentar ainda mais a popularidade do esporte. A Rede Globo e outras emissoras começaram a investir pesadamente nas transmissões de partidas, e o vôlei se consolidou como um dos esportes mais assistidos do país, ao lado do futebol.

Zico e a era das transmissões espelhadas

Na década de 1970, o futebol brasileiro vivia seu auge. Grandes craques como Pelé dominavam os gramados, e o país respirava futebol. No entanto, com o crescimento do número de televisores nos lares brasileiros, um problema curioso começou a surgir: em algumas transmissões ao vivo, a imagem era transmitida de maneira invertida. Ou seja, o campo aparecia na TV de forma espelhada, confundindo os torcedores que assistiam de casa.

A causa desse problema nas transmissões era simples: algumas emissoras de televisão, especialmente as menores, não tinham tecnologia ou recursos adequados para transmitir os jogos ao vivo corretamente. Em muitos casos, a imagem era captada por câmeras que enviavam o sinal de forma espelhada, e como não havia um padrão de transmissão estabelecido, isso resultava em partidas sendo exibidas com a lateral oposta.

Esse fenômeno aconteceu principalmente durante as transmissões regionais, em estados mais afastados dos grandes centros urbanos. Em São Paulo e Rio de Janeiro, onde as emissoras já estavam mais avançadas tecnologicamente, o problema era menos frequente. No entanto, nas regiões onde o futebol também era paixão nacional, a solução era mesmo o espelho.

O futebol, que já era um espetáculo visual, passou a apresentar uma barreira tecnológica inesperada. Com a imagem invertida, as pessoas tinham dificuldades em identificar jogadores e acompanhar as jogadas. A solução para esse problema foi uma adaptação criativa: alguns torcedores passaram a assistir aos jogos por meio de um espelho, colocado em frente à televisão para "desinverter" a imagem.

Em entrevistas ao longo dos anos, o ídolo Zico comentou sobre essa época peculiar das transmissões esportivas. Ele relembra que, em várias partes do Brasil, as pessoas não entendiam o porquê de a transmissão ser invertida, mas queriam, de qualquer maneira, acompanhar seus ídolos em campo. Essa solução criativa – o uso de um espelho – mostra como a paixão pelo futebol fez com que os torcedores se adaptassem a qualquer dificuldade tecnológica para não perder um jogo.

Armação Ilimitada: revolução na linguagem da TV brasileira

Nos anos 1980, a televisão brasileira era dominada por um formato de narrativa muito claro: novelas e programas tradicionais que seguiam uma estrutura linear e formal. O público brasileiro estava acostumado a acompanhar longas tramas melodramáticas, com diálogos mais convencionais e cenários estáticos. Foi nesse cenário que surgiu *Armação Ilimitada*, uma série que quebrou todos os paradigmas de como a TV podia se comunicar com o público jovem e ousado da época.

Nelson Motta, um nome já consagrado na música e na produção cultural, e um amigo dos que mais admiro, enxergou a necessidade de criar algo diferente na televisão. Ele percebeu que a juventude brasileira estava mudando – as influências internacionais, o rock, o cinema e os quadrinhos estavam moldando uma nova maneira de ver o mundo. Mas essa nova geração não se via representada na televisão tradicional.

Armação Ilimitada, que estreou em 1985, foi concebido como um programa voltado para o público jovem, trazendo uma abordagem não convencional e irreverente. A série contava a história de dois amigos, Juba (Kadu Moliterno) e Lula (André de Biase), que viviam como surfistas, esportistas e aventureiros. Ao lado da jornalista Zelda Scott (Andréa Beltrão), os personagens formavam um trio dinâmico que explorava temas contemporâneos, com uma mistura de comédia, aventura e uma boa dose de crítica social.

Nelson Motta e sua equipe criaram algo que não apenas se diferenciava das novelas tradicionais, mas que conversava diretamente com a juventude brasileira da época. O formato da série era completamente diferente: as tramas eram rápidas, os diálogos eram carregados de gírias e referências pop, e os cortes de câmera e efeitos visuais remetiam ao cinema e aos videoclipes, algo inédito na TV brasileira até então.

A grande inovação de *Armação Ilimitada* estava em sua linguagem visual e narrativa. A série incorporou elementos de quadrinhos, como balões de fala e onomatopeias na tela, que tornavam a experiência de assistir ao programa mais dinâmica e envolvente. Além disso, os personagens frequentemente quebravam a quarta parede, falando diretamente com o público, algo que era pouco comum na televisão da época.

Esses recursos aproximavam a narrativa de um estilo mais livre, que não seguia o formalismo das novelas e dos programas tradicionais. Essa liberdade se refletia nos diálogos, que eram recheados de humor sarcástico, gírias do surfe e do rock e um tom descontraído, que capturava perfeitamente o espírito rebelde e inovador dos anos 1980.

Outro ponto marcante foi a trilha sonora. *Armação Ilimitada* trouxe uma trilha sonora moderna, com sucessos do rock nacional e internacional, conectando-se ainda mais com o público jovem. Músicas de bandas como Titãs, Paralamas do Sucesso e Blitz ajudaram a definir o tom do programa e a torná-lo ainda mais contemporâneo.

A série quebrou barreiras e se tornou um verdadeiro fenômeno cultural. Para o público jovem, foi a primeira vez que ele se viu representado de forma realista e divertida na televisão brasileira. *Armação Ilimitada* não apenas entreteve, mas ajudou a moldar a cultura jovem da época, influenciando a moda, o comportamento e até a linguagem.

Ela também tinha um forte componente de crítica social. Em meio às aventuras e às piadas, os episódios abordavam questões como meio ambiente, violência urbana, relações de gênero e a influência da mídia na sociedade. Esses temas, tratados de forma leve e acessível, conquistaram o público jovem e trouxeram uma nova forma de discutir assuntos importantes na televisão.

Nelson Motta, com sua vasta experiência como produtor e sua sensibilidade para captar os movimentos culturais, foi fundamental para essa transformação na linguagem televisiva. Ele trouxe referências de fora do Brasil, mas as tropicalizou, criando algo genuinamente brasileiro e único. A parceria com Guel Arraes, diretor da série, também foi crucial para dar vida à visão de Motta e transformar *Armação Ilimitada* em um marco.

Juntos, Motta e Arraes perceberam que a televisão não precisava ser um meio de comunicação engessado. Ela podia ser rápida, divertida, cheia de referências e, acima de tudo, conversar com o público em seus próprios termos.

O sucesso de *Armação Ilimitada* estava totalmente alinhado com a ideia de não interromper, mas conectar. A série trouxe uma nova maneira de contar histórias, uma narrativa que não se impunha, mas fluía com a forma como o público jovem consumia cultura. Nelson Motta conseguiu capturar a atenção do público sem forçar a narrativa, respeitando os interesses e o ritmo de quem assistia.

Assim como as marcas e criadores de conteúdo de hoje devem se adaptar às novas plataformas e ao comportamento digital, *Armação Ilimitada* se adaptou às novas exigências do público jovem dos anos 1980, oferecendo algo inovador, ágil e altamente conectivo.

Seu impacto foi profundo. Ela abriu o caminho para que outros programas adotassem uma linguagem mais moderna e acessível. Séries como *TV Pirata* e, mais tarde, programas como *Casseta & Planeta* e *Hermes e Renato* carregaram consigo o espírito irreverente e livre que *Armação* popularizou. A ideia de que a televisão poderia ser um espaço de experimentos criativos e linguagens híbridas foi uma das maiores heranças deixadas pela série.

A história de *Armação Ilimitada* é um exemplo claro de como inovações na linguagem podem transformar a maneira como o público se conecta com o conteúdo. Nelson Motta e Guel Arraes trouxeram uma nova forma de contar histórias na TV, que dialogava diretamente com o público jovem, sem interrompê-lo ou aliená-lo.

Essa adaptação e inovação são lições valiosas para qualquer estratégia de comunicação, mostrando que, ao entender o público e respeitar sua linguagem, é possível capturar e manter a atenção de maneira fluida e eficaz.

Trilhas sonoras no cinema brasileiro

A música sempre foi uma ferramenta poderosa para transmitir emoções em filmes, mas no Brasil, durante o Cinema Novo, a trilha sonora desempenhou um papel ainda mais profundo. Ela não apenas acompanhava a narrativa, mas era parte essencial da identidade cultural e social dos filmes.

Glauber Rocha, precursor do Cinema Novo, precisava de uma trilha sonora que não fosse apenas um pano de fundo, mas que dialogasse diretamente com a narrativa.

Foi com essa mentalidade que Rocha colaborou com o compositor Sérgio Ricardo. Um exemplo marcante dessa parceria é o filme *Deus e o Diabo na Terra do Sol* (1964), no qual a trilha sonora de Sérgio Ricardo ecoa os temas da pobreza, revolta e espiritualidade, elevando o impacto emocional da história. Em vez de uma música passiva, o espectador é convidado a sentir a opressão e a luta dos personagens por meio da trilha sonora, que pontua momentos de tensão com melodias dissonantes e de caos com ritmos acelerados.

Glauber Rocha revolucionou ao usar a trilha sonora como uma ferramenta de comunicação direta com o público, permitindo que a música levasse o espectador para dentro do conflito social retratado na tela. Esse uso inovador da música abriu novos caminhos para o cinema brasileiro, influenciando gerações de cineastas e compositores.

A música aqui não interrompe, mas se integra à narrativa, criando uma experiência imersiva. Ela oferece ao público mais do que uma trilha de fundo – ela o coloca dentro da narrativa e o faz viver o conflito emocional. A trilha sonora de Sérgio Ricardo transformou o cinema em uma experiência sensorial, algo que ressoa com a ideia de que a comunicação deve ser fluida e engajante.

O Pasquim: a voz da contracultura

Em uma era dominada pelo rádio e pelo advento da televisão, as revistas culturais surgiram como espaços de resistência criativa e de crítica social. Publicações como *O Pasquim*, nas décadas de 1960 e 1970, foram fundamentais para a formação de um público mais crítico e engajado no Brasil.

O Pasquim foi uma revista semanal lançada em 1969, no auge da ditadura militar, e se tornou um ícone da contracultura no Brasil. Fundada por figuras como Ziraldo, Millôr Fernandes e Jaguar, a revista desafiava o governo com humor ácido, crítica política e irreverência. No entanto, o sucesso de *O Pasquim* não se dava apenas por sua postura crítica, mas por sua habilidade em dialogar com o público de maneira descontraída e envolvente, sem soar panfletária.

Enquanto os jornais e revistas tradicionais seguiam uma linguagem formal, *O Pasquim* trazia um estilo de escrita mais próximo ao de uma conversa entre amigos, uma linguagem que não interrompia a vida das pessoas, mas sim as convidava a refletir e se divertir ao mesmo tempo. O formato era uma fusão de jornalismo com quadrinhos, crônicas e piadas – uma revolução na comunicação escrita.

Com o avanço da televisão, muitos acreditavam que as revistas impressas perderiam força. No entanto, *O Pasquim* provou o contrário ao se adaptar ao novo comportamento do público. A revista entendia que não podia competir com o imediatismo da TV, então criou um espaço em que os leitores se sentiam parte de uma comunidade, unidos pela crítica, pelo humor e pela irreverência.

Nesse contexto, *O Pasquim* não tentava interromper a vida de seus leitores, mas sim oferecer um refúgio para pensamentos críticos e criativos.

Simbiose perfeita: reality shows + redes sociais

A significativa popularidade dos reality shows hoje pode ser amplamente atribuída ao impacto das redes sociais. Desde que plataformas como X e Instagram começaram a acompanhar a exibição de programas como *Big Brother* e *The Voice*, o público ganhou poder de influenciar o andamento dos shows em tempo real, gerando discussões massivas e aumentando o engajamento. Em 2013, por exemplo, 78% das famílias americanas assistiam a reality shows, mas o engajamento aumentou ainda mais com o poder das redes sociais, que passaram a alimentar e estender o alcance dos programas (TechPenny.com).

As redes sociais transformaram o formato tradicional de TV em uma experiência interativa. Hoje, 65% dos espectadores de reality shows comentam os episódios on-line enquanto assistem, criando comunidades e engajamento. Esse tipo de interação tem sido vital para o sucesso desses programas. O formato atual seria muito mais limitado sem o impulso proporcionado pelas redes sociais, que incentivam os espectadores a participar e influenciar diretamente o resultado de competições, eliminando ou salvando participantes, como acontece no *Big Brother* (TechPenny.com).

Essa união entre reality shows e redes sociais não só aumentou as audiências, mas também criou novas oportunidades de monetização, seja por meio de campanhas publicitárias integradas, seja pelo próprio marketing viral gerado pelos usuários. A relação simbiótica entre esses dois meios é, portanto, crucial para a sobrevivência e expansão dos reality shows, permitindo que esses programas dominem tanto a TV quanto o espaço digital, moldando o futuro da mídia interativa.

Capítulo 8

CONTEÚDO: O CORAÇÃO DA COMUNICAÇÃO

Há um elemento comum que permeia todas as comunidades bem-sucedidas e as marcas que conseguem se destacar. O conteúdo se tornou o motor das conexões modernas. Ele não apenas comunica uma mensagem, mas, quando bem executado, cria relacionamentos, significado e, acima de tudo, proximidade emocional com o público.

Na nova Era da Atenção, todos querem nosso tempo.

Quem consegue um like, um comentário, um compartilhamento, consegue reter nosso tempo, a moeda mais valiosa do momento. Pensando nisso, surge então a seguinte questão: como produtores de conteúdo, *creators*, *publishers* e comunicadores, podem conseguir criar uma narrativa autêntica que desperte o olhar do outro, ou que se conecte de verdade ao outro, à sua necessidade, curiosidade e interesse?

Desde o início da era digital, o conteúdo deixou de ser apenas uma maneira de transmitir informações. Ele se tornou a moeda de troca entre marcas e consumidores, em que o valor não está apenas no produto, mas no diálogo contínuo que é construído ao longo do tempo. O conteúdo é o coração da conexão, e as marcas que dominam essa arte conseguem criar um engajamento genuíno e duradouro.

A evolução do conteúdo: da informação à experiência

No passado, o conteúdo produzido por uma marca se limitava a anúncios publicitários tradicionais, fossem eles em revistas, jornais, rádio ou televisão. No entanto, com o surgimento da internet, o conteúdo evoluiu para se tornar uma experiência. Hoje, o conteúdo não é apenas uma ferramenta de venda, mas um meio de criar significado e valor para o público.

O conteúdo se tornou o meio pelo qual as marcas conseguem se posicionar e estabelecer sua identidade. Seja por meio de posts em redes sociais, blogs, vídeos ou podcasts, o conteúdo é a voz da marca.

No entanto, a criação de conteúdo autêntico é um dos maiores desafios enfrentados pelas marcas hoje. Em um ambiente digital saturado, a autenticidade de conteúdo se tornou uma *commodity* rara. O público é rápido em identificar conteúdos que são feitos apenas para vender, sem uma mensagem ou propósito real por trás.

Marcas que conseguiram superar esse desafio são aquelas que investem na qualidade e na honestidade de seu conteúdo. A Netflix, por exemplo, é mestre em criar conteúdos que não apenas promovem suas séries e filmes, mas que geram uma conversa em torno da cultura pop, o que traz os espectadores para o centro do diálogo.

Precisamos pensar em conquistar primeiro o coração das pessoas, para depois, se bem-sucedidos, alcançar o seu bolso.

Mas o que é conteúdo?

Produzir conteúdo é contar histórias cheias de significado, e a humanidade faz isso desde o início da civilização. As formas de contar histórias foram se transformando à medida que os meios de comunicação e a tecnologia foram evoluindo. Conteúdo exige conquista, gera proximidade e precisa ter relevância. A democratização dos meios e o boom da internet e dos smartphones propiciaram a produção de conteúdo feito por todos e para todos.

Cada narrativa ou situação pede um tipo de conteúdo: educar, entreter, inspirar. Para cada intenção, uma solução. Conteúdo de marca é diferente de publicidade, mas ambos são ferramentas de marketing e propaganda. A diferença é: conteúdo gera conexão e não é interruptivo.

Produzir conteúdo é diferente de fazer publicidade pura e simples, mas a base de ambos são as histórias. Desde os primórdios da humanidade, contar e consumir histórias tem sido uma obsessão. As pinturas rupestres encontradas nas cavernas pré-históricas são a maior prova de que o desejo de se comunicar existiu desde que começamos a pensar e raciocinar como *homo sapiens*. Por meio de desenhos, símbolos e pigmentos extraídos da natureza, o homem primitivo já registrava a sua história e atraía a curiosidade e a atenção de seus semelhantes, que tentavam – e tentam até hoje – desvendar as mensagens daqueles códigos.

Histórias, por sua vez, são narrativas que refletem os valores e a identidade de uma sociedade. Ao contarmos uma história, percorremos necessariamente um desses dois caminhos: ou narramos algo que aconteceu e, portanto, foi testemunhado, ou expressamos algo que povoa o nosso imaginário – ou o imaginário popular –, como a ficção. Seja qual for o caminho, contar uma história exige conexão, conteúdo e olhar atento às expressões culturais.

Mas o que é conteúdo, afinal? Se olharmos para o aspecto semântico da palavra, conteúdo pode ser um adjetivo ou um substantivo masculino. Significa "contido em algo", "aquilo que está contido ou encerrado em um recipiente". E segundo o *Dicionário Michaelis*, significa "força, intensidade de ideias, sensações, matéria". Traduzindo para a realidade da comunicação, é algo que dá forma, que mostra o que está contido, preenchido. Precisa ser relevante antes de qualquer coisa, e só alcança esse estado se for capaz de acompanhar as mudanças de comportamento.

Em resumo: histórias existem desde sempre. O que muda é a maneira como construímos e consumimos essas narrativas, ou seja, o conteúdo.

Forma e conteúdo através dos tempos

Com o advento de novas tecnologias e de novos meios de comunicação, o conteúdo foi sendo adaptado para ocupar esses espaços. Temos, primeiramente, as histórias contadas e recontadas oralmente. Depois, a escrita e os livros, que permitiram registrar a tradição oral e oferecer conteúdo idêntico para muitas pessoas. Mais tarde, o rádio revolucionou a comunicação, levando conteúdo para diversos lugares em tempo real. Até que o cinema e a televisão apresentaram a maravilha do audiovisual e a possibilidade de se "vivenciar" situações e emoções de uma forma mais vívida e nunca antes vivenciada na jornada humana.

Cada um desses marcos guarda ainda em si outros "saltos": momentos em que alguém resolveu "subir a barra", fazer aquilo que já se fazia, só que de uma maneira diferente e ainda melhor. Dos primeiros filmes, ainda com câmera fixa, ao cinema de Charles Chaplin, por exemplo, houve um salto. Do cinema mudo para o falado, outro. Esses saltos também são reflexo da necessidade constante de conquistar a atenção do outro. Mudam-se os hábitos, muda também a audiência e seu nível de exigência. Afinal, de nada vale um bom conteúdo incapaz de despertar o interesse de um interlocutor.

O universo da música é outro exemplo. Passávamos horas ouvindo um disco de vinil, lado A e labo B, mas desde que as telas passaram a fazer parte de nossa vida de maneira mais intensa, não conseguimos mais dissociá-las da música. Começou lá atrás, nos anos 1980, com o *boom* dos videoclipes da MTV, e hoje, na era dos smartphones, as músicas pedem, obrigatoriamente, acompanhamento visual e até coreografias – estão aí as dancinhas do TikTok para comprovar –, o que torna impensável ouvir todas as músicas de um álbum em sequência.

Nossa forma de contar histórias foi evoluindo juntamente com os meios de comunicação. Música, cinema, rádio, TV, celular. Cada uma dessas tecnologias gerou novas possibilidades, encurtando o tempo e o espaço e acelerando a disseminação de informações.

O cinema

Os primeiros filmes, como *Viagem à Lua* (1902), de George Méliès, eram fortemente influenciados pelo teatro, com a câmera fixa, sem cortes ou edições, simulando o ponto de vista da plateia. Chaplin revolucionou essa abordagem ao introduzir ângulos de câmera variados, cortes e enquadramentos que adicionavam ritmo e profundidade às narrativas. Ele fez isso de maneira artesanal, cortando e colando manualmente os negativos para fugir da monotonia dos takes únicos, criando um novo padrão para o cinema que até hoje influencia a indústria e a linguagem visual.

A música

Guido Monaco, também conhecido como Guido d'Arezzo, foi um monge italiano que revolucionou a música na Idade Média ao criar a notação musical, permitindo que melodias fossem registradas de forma escrita pela primeira vez. Antes de sua invenção, a música era transmitida oralmente. Sua inovação, por volta do século 11, trouxe ordem e precisão ao ensino musical, marcando o início de discussões sobre propriedade intelectual e direitos autorais. Em sua cidade natal, Arezzo, há uma homenagem em forma de placa de rua em partitura, reconhecendo sua contribuição histórica.

Séculos depois, outro marco revolucionou a música: o álbum *Sgt. Pepper's Lonely Hearts Club Band*, dos Beatles, lançado em 1º de junho de 1967. É considerado o primeiro álbum-conceito, em que as músicas foram estruturadas em torno de uma narrativa coesa, em vez de serem lançadas de forma individual e sem conexão. Essa nova forma de organizar músicas em um álbum completo mudou o modo de produção e consumo musical, consolidando a "Era do Álbum" como uma nova referência artística.

Guido d'Arezzo e os Beatles, em momentos diferentes da história, transformaram profundamente a maneira como a música é criada, registrada e consumida, trazendo novas eras de inovação.

Relevância a serviço do protagonismo

Quase todo mundo está on-line. Muitos, produzindo conteúdo. Há espaço para muita gente, mas não há garantia de sucesso. O poder está nas redes. E tudo pode acontecer, tudo mesmo, quando se trata da internet. Uma marca ou pessoa "bombar" não depende mais somente de patrocínio e de estratégia acertada. É claro que manter uma presença digital forte e constante, além de conteúdo atraente, ajuda a conquistar protagonismo. Mas o sucesso nas redes tem muito mais a ver com autenticidade e relevância. E relevância é algo pessoal e intransferível.

O case que detalharemos ilustra bem essa realidade. Um americano comum, de classe média baixa, que tem um problema com o carro e resolve postar um conteúdo "cool" no TikTok: sua ida ao trabalho de skate longboard, cantando e tomando suco na boca da garrafa, bem no estilo "quem não tem cão, caça como gato". Ele virou celebridade quase que instantaneamente, mudou de vida, fez muito dinheiro e ainda elevou as vendas de uma empresa de sucos e de uma banda de rock esquecida havia duas décadas.

Será que tudo isso foi sorte? É claro que alguém gostou da postagem do skatista americano e levou para a frente, gerando milhões de compartilhamentos. Só que isso não aconteceu por sorte. É que, de alguma forma, aquele conteúdo autêntico interessou a alguém a ponto de a pessoa querer compartilhar com seus amigos e seguidores. Foi relevante para alguém.

Na era da democratização de conteúdo, relevância é regra.

Saber do que as pessoas gostam na internet é como procurar agulha no palheiro. O que é relevante para mim pode não ser para você. Nesse universo em que impera a alta rotatividade de postagens, influenciadores, mídias e canais, é impossível ler, assistir e ouvir tudo o que publicam.

A solução para tanto ruído é selecionar, escolher quem seguir, quem assistir, o que reproduzir. E é aí que entra a curadoria, tema que vamos tratar no tópico seguinte: consumir o que realmente importa (para você).

A Era da Curadoria

Para compreender o que é curadoria e seu papel no ambiente digital, vamos imaginar um dia comum na vida de qualquer um de nós.

Você acorda, pega o celular, responde a algumas mensagens no WhatsApp, visita seu Instagram enquanto toma café, quem sabe dá uma passada no LinkedIn. Dependendo do seu perfil e de sua faixa etária, entra no TikTok e assiste a alguns vídeos.

Para dar conta de tudo isso, certamente você faz escolhas: ignora algumas mensagens, vai direto na página de amigos e celebridades conferir os últimos memes e polêmicas. Ou seja: o seu dia começou, de certa forma, sob a ótica de quem selecionou esses conteúdos para você.

Por mais que você ache que fez suas escolhas de conteúdo, isso é apenas meia-verdade. Está certo que escolheu o que desejava ver, como e em que horário, mas o que chegou até você foi selecionado antes, por alguém que já conhece suas preferências on-line, no caso, um curador. E não poderia ser diferente. Afinal, consumir toda a enxurrada de opções que as redes oferecem é impossível.

O exemplo acima nos dá a dimensão do que é navegar nesse mar de informações diariamente: 695 mil histórias compartilhadas no Instagram, 69 milhões de mensagens enviadas entre WhatsApp e Messenger. Tudo isso, repetimos, em 60 segundos.

Para navegar, é preciso saber com clareza aonde se quer ir e os movimentos a serem feitos. E quando isso não existe, você se perde no mar de informações, com dificuldades para selecionar e priorizar.

Curadoria é, portanto, algo muito necessário e o colete salva-vidas para não afundarmos nesse oceano.

"O que importa é saber o que importa"

Um curador pode ser um *creator* que você segue, um veículo de imprensa que ganhou a sua credibilidade, uma amiga sua ou até mesmo uma marca de roupas que você acha superbacana e que não abre mão de acompanhar. Já não é surpresa para ninguém que redes como Facebook, Instagram e TikTok, por exemplo, fazem curadoria o tempo todo.

Com base no que você acessa cotidianamente, eles selecionam *posts* semelhantes e os enviam para a sua *timeline*. Por isso, a sensação de que você só vê o mesmo tipo de notícia ou as mesmas pessoas é real. Quando se está "do outro lado do balcão" e se trata do seu negócio, a coisa não é diferente.

O papel do curador é seu e consiste em dominar a habilidade de selecionar aquilo que possui credibilidade e relevância para cada uma das pessoas com as quais você se importa, sejam seguidores, audiência, comunidades ou consumidores. E mais do que isso: embalar esse conteúdo em um belo pacote para entregá-lo nos melhores momentos para o seu consumidor.

Há, no entanto, um desafio: você pode ser um excelente curador, mas para alcançar o seu público-alvo precisa ganhar a atenção dele. O caminho para isso você já sabe: relevância, credibilidade, constância e um excelente senso de percepção do que os hábitos da comunidade pedem. É preciso conhecer bem o público e prever o que ele deseja. Você deve ser uma pessoa ou marca com a qual as pessoas queiram interagir. E em quem confiem.

Você pode ser um excelente curador, mas se não alcançar seu público--alvo, seus esforços terão sido em vão. A curadoria começa com a seleção e oferta de conteúdo e termina com a entrega no formato e momento mais interessantes para o seu público-alvo.

Quem ainda não conquistou esse status no mundo digital precisa se associar aos que já gozam de boa reputação, nos agentes que, por conta de boa reputação e relevância, influenciam nossas escolhas. Eles mantêm uma relação de confiança com seus seguidores, algo precioso para as marcas, já que, em geral, as pessoas valorizam mais as indicações de ídolos, influencers e amigos do que a própria marca falando de si.

Antes de associar sua marca a uma personalidade da internet, verifique se ela espelha o público-alvo que você deseja atingir.

É importante saber também se os seus seguidores são pessoas reais, verificando suas taxas de engajamento e visualização.

Capítulo 9

COMUNIDADE: A ESSÊNCIA DO SER HUMANO

A construção de comunidades sempre foi um pilar da experiência humana, mas, com a chegada da era digital, ela atingiu novos patamares de profundidade e alcance. Desde as primeiras cidades da Antiguidade até os modernos fóruns on-line e redes sociais, as pessoas sempre buscaram se conectar umas com as outras por meio de valores e interesses compartilhados. No entanto, a internet amplificou essa capacidade, permitindo a criação de comunidades globais, instantâneas e altamente personalizadas, em que cada indivíduo pode encontrar seu nicho e participar de conversas em torno de temas e causas que lhe são significativos.

Essa transformação foi particularmente notável para as marcas e criadores de conteúdo, que passaram a usar as comunidades digitais como estratégia central para construir laços duradouros e genuínos com seus consumidores. No passado, empresas como Sears, nos Estados Unidos, e Mesbla e Mappin, no Brasil, já buscavam criar esse senso de pertencimento por meio de catálogos, oferecendo não apenas produtos, mas uma conexão emocional com seus clientes. Com a chegada da internet e das redes sociais, essa prática evoluiu, e as marcas passaram a interagir diretamente com seus consumidores, promovendo não só produtos, mas experiências e valores que ressoam profundamente com seu público.

A criação dessas comunidades digitais não só mudou a maneira como as marcas se conectam com as pessoas, mas também impactou profundamente a dinâmica social. O consumidor, que antes era passivo, agora tem uma voz ativa, sendo capaz de moldar a narrativa das marcas e exigir mudanças. Um exemplo claro disso é a Avon no Brasil, que ao longo das décadas construiu uma comunidade sólida de consultoras, formando uma rede de apoio econômico e social. Com o tempo, a marca soube reconhecer o poder dessas mulheres como líderes locais e ampliou sua comunicação para focar o empoderamento feminino, conectando-se a causas sociais como o combate à violência de gênero. Essa abordagem genuína transformou a Avon em um exemplo de como marcas podem ganhar relevância e confiança ao ouvir e agir com base nas demandas de suas comunidades.

Essa transformação se intensificou na última década, quando o cenário econômico e cultural global começou a demandar mais responsabilidade social das empresas. Marcas que souberam abraçar causas relevantes, como diversidade e inclusão, conquistaram uma conexão muito mais profunda com seus consumidores. No Brasil, a campanha do Boticário para o Dia dos Namorados, que mostrou casais de diferentes orientações sexuais, enfrentou resistência de setores conservadores, mas provou o poder de um posicionamento corajoso e autêntico, reforçando que as marcas que se conectam genuinamente com os valores da sociedade moderna ganham relevância.

A construção de comunidades digitais, no entanto, não é isenta de desafios. Em um ambiente hiperconectado e saturado de informações, as marcas precisam equilibrar autenticidade com relevância. A audiência atual é altamente exigente e desconfia de empresas que se apropriam de causas apenas para vender mais. A "cultura do cancelamento" é um reflexo dessa vigilância constante, em que qualquer deslize ou percepção de hipocrisia pode arruinar a reputação de uma marca em questão de horas. Para navegar nesse cenário, é fundamental que as marcas mantenham a transparência e estejam dispostas a dialogar continuamente com suas comunidades.

Além disso, o surgimento das microcomunidades nas redes sociais – grupos menores, porém altamente engajados – tornou-se um elemento crucial na estratégia de muitas empresas. Nichos como veganismo, cultura geek e ativismo ambiental no Brasil são exemplos de como essas microcomunidades oferecem às marcas a oportunidade de se conectar de forma mais íntima e direcionada com consumidores altamente comprometidos. Plataformas como Instagram e Facebook possibilitam a formação e o fortalecimento dessas comunidades, que influenciam diretamente as escolhas e percepções de marcas, promovendo uma lealdade que vai muito além de simples transações comerciais.

Em última instância, a construção de comunidades digitais é uma das estratégias mais eficazes para criar uma conexão real e duradoura com o público. Marcas que conseguem construir essas comunidades de forma genuína, ouvindo e se adaptando às necessidades de seus consumidores, têm mais chances de sucesso a longo prazo. Em tempos de escassez de atenção, em que há mais conteúdo disponível do que a capacidade humana de consumir, essas comunidades são o centro do novo diálogo entre marcas e público. E, mais do que nunca, a atenção é o recurso mais valioso na guerra pela relevância.

Construindo comunidades

Desde Aristóteles, que afirmava que o homem é, por natureza, um ser social, a busca por comunidades tem sido uma constante na história da humanidade. Para ele, a vida em grupo não era apenas uma escolha, mas uma necessidade inerente à nossa natureza. Essa ideia foi expandida ao longo dos séculos, com pensadores como Abraham Maslow e Heinz Kohut, que aprofundaram o conceito, indo além da convivência social e introduzindo a ideia do pertencimento emocional a grupos.

Na Grécia Antiga, a "pólis" (cidade-estado) era o centro de conexão social, onde os cidadãos encontravam não apenas proteção e sobrevivência, mas também identidade e propósito. O filósofo Aristóteles, em sua *Ética a Nicômaco*, defendeu que viver isolado era antinatural para o ser humano, pois o indivíduo só atinge sua plenitude em comunidade. Ele via a sociedade como um espaço no qual se concretiza a virtude e a realização do bem comum. Mesmo séculos antes da tecnologia moderna, já existia a noção de que pertencer a algo maior que o "eu" era uma exigência para o desenvolvimento humano.

Esse pensamento foi sofisticado por Abraham Maslow (1908-1970), psicólogo norte-americano. Maslow, no século 20, com sua teoria da hierarquia das necessidades humanas. Em sua pirâmide, a interação social aparece como uma necessidade fundamental, essencial antes mesmo de atingir a autoestima e a autorrealização. Para Maslow, a conexão humana é vital não apenas para sobreviver, mas também para prosperar. As pessoas precisam se sentir conectadas umas às outras para construir uma base sólida que permita o crescimento pessoal. Da mesma forma, o psicanalista austríaco-americano Heinz Kohut (1913-1981), com a "psicologia do self" (essência de cada um, individualidade), defendeu que o pertencimento a um grupo é uma das necessidades mais profundas do indivíduo. Kohut argumentava que a experiência de fazer parte de uma comunidade é um fator crucial para a saúde emocional e para o senso de identidade do ser humano.

A partir dessas teorias, podemos entender que a construção de comunidades vai muito além de um agrupamento físico ou uma necessidade puramente biológica. Ela envolve uma dimensão psicológica e emocional, na qual o indivíduo se sente parte de algo maior, uma conexão que valida sua identidade e proporciona segurança emocional. O sentimento de pertencimento é o que dá sentido à vida em sociedade, seja em uma cidade antiga, em um grupo de amigos ou nas microcomunidades que hoje emergem nas redes sociais.

Com a transformação digital, essa busca por pertencimento ganhou novos contornos e alcançou uma escala global. As comunidades não estão mais limitadas por fronteiras físicas ou culturais, e a internet permitiu que indivíduos ao redor do mundo se conectassem com pessoas que compartilham de seus valores, interesses e identidades. As redes sociais, em particular, são hoje um reflexo claro dessa tendência, em que grupos se formam não apenas para compartilhar informações, mas para criar vínculos profundos e duradouros, reforçando o que Aristóteles e Maslow já defendiam: que a convivência humana é uma necessidade essencial para o bem-estar e a realização pessoal.

Culturalmente, essas comunidades digitais refletem uma nova forma de viver em sociedade, na qual o local se funde com o global, e os interesses de nicho são celebrados tanto quanto as grandes causas universais. Economicamente, essa transformação tem um impacto direto, pois marcas e empresas perceberam o poder dessas comunidades na construção de laços com seus consumidores. Hoje, marcas não se limitam a vender produtos; elas buscam criar uma conexão emocional e de pertencimento com suas audiências, sabendo que, ao fazer isso, geram fidelidade e engajamento de longo prazo.

A sociedade moderna, com suas múltiplas camadas de interação digital, é o ápice daquilo que Aristóteles já vislumbrava e que Maslow e Kohut aprofundaram: a humanidade não só precisa viver em comunidade, mas prospera quando encontra laços de pertencimento. Essa construção, seja no mundo físico ou digital, é o que move nossa busca por significado, propósito e realização pessoal.

Sociedade x comunidade

A distinção entre sociedade e comunidade proposta pelo sociólogo alemão Ferdinand Tönnies (1855-1936) revela duas formas fundamentais de organização social. A comunidade (*Gemeinschaft*) é baseada em laços afetivos, íntimos e naturais, como os familiares, vizinhos e amigos. Ela reflete uma vontade espontânea de viver em conjunto, movida por interesses coletivos. Já a sociedade (*Gesellschaft*) é regida por relações mais racionais e impessoais, próprias da vida urbana e moderna, em que o foco está no individualismo, no trabalho e nas trocas econômicas.

Essa distinção de Tönnies, publicada em 1887, continua relevante para entender como marcas e empresas estão adaptando seus modelos de comunicação e relacionamento no mundo digital. A transição de uma dinâmica puramente transacional para uma focada em comunidades reflete uma transformação fundamental na forma como as marcas se posicionam. No mundo atual, as empresas não vendem apenas produtos, elas buscam criar conexões genuínas com seus consumidores, alinhando-se a valores, crenças e causas. As redes sociais e outras plataformas digitais permitem que essas relações sejam amplificadas e que os consumidores se tornem parte ativa dessas comunidades, engajando-se de forma profunda com as marcas.

A força das comunidades on-line também reflete as tendências observadas em territórios urbanos caracterizados por condições mais vulneráveis, como as favelas no Brasil. Mesmo em meio a desafios socioeconômicos, essas comunidades são capazes de sustentar economias locais e desenvolver um senso de pertencimento poderoso, que agora migrou para o ambiente digital e para o universo das marcas. Empresas que conseguem gerir suas comunidades de maneira eficaz, como defende Ronaldo Lemos, estão mais bem posicionadas para se tornarem influenciadoras em seu próprio direito, criando defensores leais entre seus consumidores e liderando diálogos que ressoam culturalmente com diferentes públicos. Em um artigo para o jornal *Folha de S. Paulo*, já em 2018, Lemos dizia que toda e qualquer empresa deve se enxergar como um "influenciador".

Quem influencia e cria comunidades?

Quem influencia e cria comunidades no mundo contemporâneo transcende a mera figura de uma empresa ou personalidade pública. A construção de comunidades baseia-se em afinidades e propósitos compartilhados, algo que já era evidente nas redes sociais dos anos 2000, como o Orkut. Nessa época, as pessoas se reuniam em comunidades em torno de temas cotidianos, e essa interação se transformava em laços duradouros. No cenário atual, isso se expandiu ainda mais com influenciadores digitais, marcas e empresas criando comunidades que promovem valores compartilhados e geram engajamento contínuo.

As redes sociais, hoje, facilitam a criação de microcomunidades com interesses variados, oferecendo um espaço de interação, troca e colaboração em tempo real. Esse fenômeno não se limita a influenciadores ou grandes marcas; qualquer pessoa com paixão e iniciativa pode começar uma comunidade digital. Exemplos disso são as torcidas organizadas de futebol ou as escolas de samba, que representam a essência das comunidades: um grupo movido por interesses comuns e disposto a investir tempo e energia em suas paixões. O digital apenas potencializa essa conexão, tornando o processo mais acessível e dinâmico.

No mundo corporativo, as empresas perceberam que construir comunidades é mais do que uma tendência: é uma estratégia essencial para sobreviver em um mercado competitivo. O diálogo com os consumidores é imprescindível. Hoje, uma marca não pode simplesmente ditar regras; ela precisa estar disposta a ouvir, aprender e ceder espaço à expertise de seus próprios consumidores. Ao criar comunidades, as empresas promovem uma troca de autoridade, na qual o público é valorizado como especialista em seus próprios interesses e preferências, resultando em uma relação de confiança que pode transformar clientes em verdadeiros defensores da marca.

A criação de comunidades não é mais uma opção, mas uma necessidade para qualquer negócio que almeje relevância em seu setor. Ao investir nesses espaços, as marcas não só constroem uma reputação sólida, mas criam defensores que ajudam a promover sua visão de mundo e, consequentemente, seus produtos. Essa abordagem coloca as empresas mais próximas dos clientes e oferece uma forma de comunicação contínua, na qual o feedback direto e a transparência geram laços duradouros e altamente eficazes.

Valores
Interesses **=** **Comunidade**
Propósitos

Capítulo 10

RELEVÂNCIA

A relevância na comunicação não é um estado fixo, mas um processo em constante adaptação. Ao longo dos séculos, marcas, mídias e indústrias que prosperaram foram aquelas capazes de evoluir, mantendo sua autenticidade enquanto respondiam às mudanças econômicas, sociais e culturais ao seu redor. Marcas como Coca-Cola, Nike e Apple exemplificam essa resiliência ao conectar suas mensagens a valores universais, como felicidade, inovação e superação, enquanto se adaptam a novos comportamentos de consumo. Elas não vendem apenas produtos, mas criam laços emocionais com seus públicos, alinhando-se às transformações culturais e econômicas de cada era.

A Coca-Cola, por exemplo, desde o início do século 20, vinculou-se a momentos de celebração e convivência, refletindo o espírito de união. Durante a Segunda Guerra Mundial, a marca acompanhou os soldados americanos, conectando-se a um sentimento patriótico. Décadas depois, ajustou seu discurso ao cenário contemporâneo, promovendo sustentabilidade e consumo consciente. Esse equilíbrio entre consistência e adaptação permitiu à marca não apenas sobreviver, mas dominar o mercado de bebidas, mantendo-se culturalmente relevante em diversas gerações.

A adaptação é essencial para que marcas e mídias não só captem a atenção, mas criem narrativas duradouras. Ser relevante não significa atrair olhares por um breve momento, mas sim construir uma conexão contínua que ressoe cultural e emocionalmente com as pessoas. Para isso, é fundamental equilibrar inovação e autenticidade, ouvindo o que as mudanças sociais e comportamentais demandam, enquanto se mantém fiel à essência que fez marcas e indústrias perdurarem ao longo do tempo.

Com isso, fica claro que a comunicação eficaz, seja no universo das marcas ou das mídias, precisa reconhecer e responder à dinâmica social e econômica em constante transformação. Marcas que lideram, como Nike e Apple, ou mesmo mídias tradicionais, como o cinema, sabem que não podem parar no tempo. Precisam se reinventar para continuar gerando impacto. Adaptar-se ao *zeitgeist* cultural, criando experiências que emocionam, inspiram e engajam, é o que garante que as narrativas dessas marcas permaneçam vivas e relevantes por décadas, e até séculos, no imaginário coletivo.

A longevidade da informação no mundo contemporâneo transcende a mera adaptação às tecnologias digitais; trata-se de uma resposta às profundas transformações culturais, sociais e econômicas que reconfiguraram a forma como consumimos e nos relacionamos com a informação.

No início do século 21, a crença de que o jornalismo tradicional estava à beira da extinção refletia um momento em que a velocidade e a superficialidade pareciam dominar o espaço digital. No entanto, essa mesma era trouxe consigo um retorno à busca pela credibilidade, pelo conteúdo qualificado e pela análise profunda, em um contexto no qual a desinformação e a manipulação da verdade se tornaram ameaças reais à vida democrática e à coesão social.

A reinvenção do *New York Times* é um exemplo icônico desse movimento de ressignificação da informação em tempos digitais. A transição do jornal impresso para o formato digital foi muito mais do que uma mudança de plataforma; foi uma reformulação do modelo de negócios e do próprio papel do jornalismo em um mundo saturado de fake news e conteúdo efêmero. A ênfase no jornalismo investigativo, na curadoria de conteúdo e nas análises aprofundadas refletiu um novo modelo de consumo, no qual o público passou a valorizar a verificação dos fatos e o conteúdo pago como garantia de qualidade. Isso reflete uma mudança cultural, em que a busca pela verdade e pela confiabilidade se tornou o centro das decisões de consumo informacional.

Essa dinâmica de resgate da qualidade também é observada em outros setores, como no entretenimento e no consumo de produtos. A Lego, por exemplo, ilustra como uma marca pode sobreviver a grandes mudanças de paradigma econômico e cultural ao manter-se fiel à sua essência enquanto inova. Quando o mercado de brinquedos começou a ser pressionado pela ascensão dos videogames e das novas tecnologias digitais, a Lego não apenas resistiu, mas integrou essas novas formas de entretenimento em sua estratégia, lançando franquias que dialogavam diretamente com o público digital. Filmes, séries de TV e videogames se tornaram novas formas de engajamento, mantendo a marca relevante para diferentes gerações e contextos culturais.

Esse processo de adaptação demonstra que a longevidade da informação e das marcas não depende apenas da inovação tecnológica, mas de uma compreensão mais profunda das mudanças culturais e sociais que moldam o comportamento dos consumidores. No contexto econômico, marcas como *New York Times* e Lego entenderam que o público contemporâneo busca mais do que apenas produtos ou notícias rápidas: eles procuram significado, autenticidade e valores com os quais possam se conectar emocionalmente. O investimento na qualidade e na profundidade do conteúdo, seja informacional ou de entretenimento, tornou-se uma resposta eficaz a um ambiente onde a superficialidade e o excesso de informações são abundantes, mas a confiabilidade é rara.

Culturalmente, essa reconfiguração reflete um momento em que a sociedade está cada vez mais consciente de seu papel como agente de escolha e curadoria. O consumidor moderno, em vez de ser um receptor passivo, agora exige ser ativo na seleção do que consome, não apenas como uma questão de gosto, mas como um reflexo de seus valores pessoais e sociais. Empresas, marcas e criadores que entenderam essa mudança cultural conseguiram se manter relevantes ao longo do tempo. A sustentabilidade, a diversidade e a responsabilidade social tornaram-se pilares essenciais na comunicação, tanto no jornalismo quanto no consumo de bens e serviços.

Economicamente, essa transição para um modelo de valor agregado, no qual a qualidade é recompensada e o engajamento emocional é uma prioridade, criou novas oportunidades de negócio. O aumento das assinaturas pagas, tanto em plataformas jornalísticas quanto em serviços de streaming, exemplifica como o público está disposto a investir em produtos e conteúdos que ofereçam autenticidade e uma conexão mais profunda. Esse modelo de negócios reflete uma mudança no papel das empresas: elas não são mais apenas fornecedoras de produtos ou informações, mas também curadoras de experiências significativas.

Assim, a longevidade na comunicação e na construção de marcas é conquistada por meio de um delicado equilíbrio entre inovação e autenticidade. A capacidade de evoluir com as transformações sociais e culturais, sem perder de vista os valores centrais que definem a marca ou a mídia, é o que garante que essas narrativas sobrevivam e prosperem ao longo das gerações. É um processo que exige não apenas adaptação às novas tecnologias, mas, acima de tudo, uma leitura constante e atenta das mudanças que estão moldando o comportamento humano em um nível mais profundo.

NYT – repensando a relevância

A reinvenção do *New York Times* (NYT) nos últimos anos é um exemplo notável de como uma marca tradicional pode não apenas sobreviver, mas prosperar em um ambiente digital cada vez mais competitivo. Em um contexto de crise do modelo tradicional de jornalismo, o NYT conseguiu adaptar-se, transformando-se em algo que se assemelha mais ao modelo da Netflix do que ao antigo formato de jornal impresso. Essa comparação se sustenta no fato de que, assim como a Netflix se distanciou do modelo de aluguel de vídeos para se tornar uma plataforma digital de streaming, o *New York Times* evoluiu de uma publicação impressa para uma plataforma multimídia baseada em assinaturas digitais.

Inicialmente, o NYT enfrentou desafios semelhantes aos de outros jornais, com a queda nas vendas de edições impressas e a fragmentação da publicidade. Contudo, a aposta em um modelo focado em assinaturas digitais e conteúdo exclusivo mostrou-se eficaz. Em vez de depender apenas de publicidade, o jornal passou a oferecer uma ampla gama de conteúdos, que incluem artigos de alta qualidade, podcasts, newsletters e gráficos interativos. Esse modelo de assinatura se assemelha ao da Netflix, em que os consumidores pagam por uma experiência personalizada, com acesso exclusivo a uma curadoria de conteúdos diversificados, disponíveis sob demanda.

Essa transformação também reforça a ideia de que o NYT deixou de ser apenas um jornal e passou a se posicionar como uma plataforma de mídia. A criação de conteúdo multimídia, como vídeos, eventos ao vivo e conferências, ampliou as fontes de receita, e o jornal se aproximou da lógica das plataformas de streaming. Assim como a Netflix investe em conteúdo original e exclusivo para atrair assinantes, o *New York Times* expandiu suas operações, mantendo a autenticidade e o compromisso com o jornalismo de qualidade, ao mesmo tempo que integra inovações tecnológicas para atender às expectativas do público digital moderno.

Essa abordagem híbrida de conteúdo não apenas elevou o NYT como um dos veículos mais influentes da era digital, mas também serviu como um exemplo poderoso para o futuro do jornalismo. O sucesso de sua reinvenção demonstra que, ao combinar autenticidade, inovação e um modelo de negócio orientado a assinaturas, é possível construir uma narrativa duradoura e sustentável em um mundo saturado de informações.

A relevância cultural não é algo que se constrói de forma isolada ou estática; ela é um processo dinâmico, que se adapta às mudanças sociais, econômicas e culturais. A pergunta "qual motivo você deu à sua comunidade para falar sobre você hoje?" reflete uma realidade essencial: no mundo contemporâneo, as pessoas e as marcas precisam constantemente se recontextualizar para permanecerem relevantes. Isso vai muito além de campanhas publicitárias ou posts nas redes sociais. Trata-se da construção contínua de um diálogo com a comunidade, no qual a marca ou o criador se alinham com as preocupações, os valores e as experiências do seu público.

Para uma marca ou criador, gerar relevância cultural significa estar inserido nas conversas e nos contextos que importam naquele momento. Isso exige uma sensibilidade cultural, uma percepção das tensões, expectativas e movimentos sociais que envolvem a comunidade. Por exemplo, marcas como a Ben & Jerry's falam de justiça racial e mudanças climáticas, posicionando-se de maneira que sua comunidade as veja como aliadas em lutas sociais importantes. A relevância cultural da marca não vem apenas do produto, mas da postura proativa e do compromisso genuíno com essas causas.

O mesmo pode ser observado no mundo da música. O hip hop, por exemplo, mantém sua relevância cultural ao longo de décadas porque nunca se distanciou de suas raízes: continua sendo uma voz para os marginalizados, falando sobre questões de opressão, racismo e superação. O público encontra no hip hop uma reflexão real de suas próprias experiências, o que mantém o gênero não apenas vivo, mas essencial.

Além disso, a personalização do conteúdo, amplamente facilitada pelas redes sociais e plataformas digitais, é um fator crucial na criação de relevância cultural. As marcas e os criadores que conseguem alinhar suas mensagens com as questões culturais de seus consumidores também garantem que esses públicos falem sobre eles. Isso não significa seguir tendências cegamente, mas sim identificar quais debates e narrativas fazem sentido para sua identidade e para a de seu público. A Glossier, por exemplo, mantém-se relevante ao integrar seus consumidores em seu processo criativo, tornando-os parte ativa da história da marca.

A relevância cultural, portanto, é construída sobre duas bases principais: **autenticidade** e **participação ativa nas questões do momento**. As marcas ou criadores que conseguem alinhar seus valores aos do público e participar de conversas significativas não apenas mantêm relevância, mas criam uma conexão emocional e duradoura com suas comunidades.

PALAVRAS FINAIS

A era da comunicação pelas massas

Chegamos ao fim de uma jornada que começou com uma pergunta fundamental: como capturar e manter a atenção em um mundo em que a informação é abundante, e o tempo, escasso? O que descobrimos ao longo deste livro é que a comunicação eficaz não está apenas em seguir tendências ou avançar em inovações tecnológicas. Ela está, acima de tudo, em criar **conexões reais, autênticas e profundas** com as pessoas. E a chave para isso reside no entendimento de que, na era atual, **não estamos mais na comunicação de massa para as massas – estamos na comunicação pelas massas**.

Hoje, a relevância cultural é o verdadeiro medidor de sucesso. Marcas, criadores e movimentos que conseguem se manter no topo são aqueles que compreendem e respondem ao espírito do tempo, às conversas que realmente importam. Mas isso não significa correr atrás de cada nova onda ou tema da moda. Pelo contrário: é sobre **entender o papel que você,**

sua marca ou sua mensagem ocupam no contexto cultural e saber se posicionar com autenticidade e propósito.

No caminho dessa transformação, vimos que **a inovação não está só nas ferramentas, mas na forma como as usamos.** O hip hop, por exemplo, nasceu nas ruas do Bronx como uma resposta às injustiças sociais, e até hoje continua ressoando porque soube se manter fiel às suas raízes, adaptando-se às mudanças culturais sem perder a conexão com as realidades humanas.

A questão é: **qual motivo você deu à sua comunidade para falar sobre você hoje?** Se McLuhan estivesse entre nós, ele provavelmente nos lembraria que os meios pelos quais transmitimos nossas mensagens moldam não apenas o conteúdo, mas também nossa percepção do mundo. A era dos algoritmos e da personalização pode nos dar a ilusão de controle total, mas é fundamental que não percamos de vista o que realmente importa: **a conexão humana.** Porque, no fim, não importa quão sofisticadas sejam as plataformas ou quão avançadas sejam as tecnologias – o que move o mundo, o que nos conecta, são as histórias que contamos.

E aqui está o ponto de inflexão: o futuro da comunicação não será dominado por quem falar mais alto, mas por quem **souber ressoar mais fundo.** À medida que avançamos em um cenário no qual a saturação de informações desafia nossa capacidade de atenção, a necessidade de profundidade e autenticidade se torna ainda mais premente. E é por isso que as marcas e os criadores que conseguirão manter a relevância serão aqueles que souberem construir suas narrativas com propósito, que entenderem a importância de criar **diálogos reais e contínuos com suas comunidades.**

No fundo, **o jogo não mudou – ele ficou mais complexo.** A atenção continua sendo o recurso mais valioso, mas capturá-la não é mais uma questão de interrupção, e sim de envolvimento genuíno. O futuro, como vimos, pertence àqueles que conseguem equilibrar a tecnologia e a inovação com a **autenticidade humana**, que sabem transformar ferramentas poderosas em pontes para experiências significativas.

Chegamos ao fim deste livro com uma pergunta tão provocadora quanto a que foi feita no início: **qual será a sua história?** O que você está fazendo hoje para criar relevância amanhã? O futuro da comunicação não será definido por quem tem o melhor algoritmo, mas por quem entende que a inovação verdadeira nasce de uma conexão humana profunda, autêntica e inegável. E isso, mais do que qualquer tecnologia, será sempre o diferencial que garante não apenas a atenção, mas a lealdade e o coração do público.

Relevância não é um destino, é uma jornada. A cada dia é construída de forma consciente, com escolhas que ressoam e conversas que conectam. E você, como vai seguir contando sua história?

REFERÊNCIAS BIBLIOGRÁFICAS

De onde viemos: os pioneiros que nos ajudam a parar de interromper

"O meio é a mensagem."
– MARSHALL MCLUHAN

Se você, leitor, ainda não ouviu essa frase antes, deixe-me apresentá-la. Foi dita por um dos grandes pensadores da comunicação do século 20, **Marshall McLuhan**, e carrega uma verdade que reverbera até os dias de hoje.

Ela revela algo simples e profundo: a forma como transmitimos a mensagem importa tanto quanto a mensagem em si. E essa frase, por si só, já é um convite para pensarmos sobre como evoluímos enquanto seres comunicantes e sobre a responsabilidade que temos em um mundo onde as interrupções são constantes. Estamos cercados por mensagens por todos os lados, a todo momento, e muitas delas nos parecem invasivas, desesperadas para capturar nossa atenção por alguns segundos.

Mas nem sempre foi assim. Nem sempre a mensagem gritava em nosso ouvido. E para entender como chegamos até aqui, para compreender por que lutamos tanto para não interromper a atenção da audiência e, ao mesmo tempo, para manter conexões autênticas, precisamos voltar ao passado.

Este capítulo é uma homenagem àqueles que, com suas ideias e reflexões, nos ensinaram a ver a mídia de outra forma. Pensadores que dedicaram a vida para entender como os meios moldam nossas sociedades, nossas relações e até mesmo o que somos.

Aqui, não falamos apenas de teóricos isolados. Falamos de verdadeiros revolucionários do pensamento que nos ajudaram – e continuam a ajudar – a compreender o fenômeno das mídias de massa e o desafio que é conquistar a atenção das pessoas sem invadi-las.

Este é um agradecimento a essas mentes brilhantes, sem as quais o caminho para uma comunicação mais humana e conectada seria mais árduo.

Marshall McLuhan (1911-1980): o visionário da mídia

Contexto e vida pessoal: Marshall McLuhan nasceu em Edmonton, Canadá, e cresceu em uma época de grandes mudanças tecnológicas. Durante sua infância e juventude, testemunhou a ascensão do rádio, da televisão e das comunicações de massa. Filho de uma mãe atriz e de um pai que trabalhava em publicidade, McLuhan cresceu imerso em uma atmosfera na qual a comunicação e as artes desempenhavam um papel central.

Momento de mundo: o século 20 foi uma era de expansão industrial e tecnológica sem precedentes. As mudanças sociais e culturais estavam profundamente interligadas com as novas formas de mídia e comunicação. Com a ascensão do rádio e da televisão, o mundo viu uma mudança na maneira como as pessoas consumiam informação e cultura.

Contribuições e hipóteses: McLuhan é mais conhecido por seu conceito "o meio é a mensagem", que destaca que a forma como transmitimos a informação tem tanto impacto quanto o próprio conteúdo. Ele desenvolveu a Tétrade dos Efeitos da Mídia, argumentando que toda nova tecnologia aprimora algo, torna obsoleta outra coisa, resgata algo do passado e, eventualmente, se inverte em seu efeito. McLuhan acreditava que as tecnologias de comunicação moldavam a percepção humana e a organização social de maneira tão profunda que podiam ser vistas como "extensões" dos sentidos humanos.

Legado: suas ideias permanecem extremamente relevantes, especialmente na era digital. A internet, os smartphones e as redes sociais são exemplos claros de como os meios de comunicação moldam nossa realidade. McLuhan nos preparou para o fato de que a forma de uma mensagem – e o meio pelo qual ela é transmitida – altera completamente seu impacto. Ele nos inspira a pensar em como podemos nos conectar com as pessoas sem interrupções, com uma comunicação significativa e respeitosa.

Harold Innis (1894-1952): o impacto do tempo e do espaço na comunicação

Contexto e vida pessoal: Harold Innis nasceu em uma fazenda no Canadá rural. Ele cresceu em uma época de profundas mudanças econômicas e tecnológicas, especialmente com a industrialização e a expansão dos meios de transporte e comunicação. Vindo de uma família de agricultores, Innis teve contato direto com o impacto do colonialismo e do capitalismo na organização social.

Momento de mundo: Innis viveu durante o auge do colonialismo britânico, e a Primeira Guerra Mundial teve um impacto profundo em sua visão sobre o controle da comunicação. Ele testemunhou como as potências globais usavam a comunicação para controlar vastos impérios e influenciar a opinião pública.

Contribuições e hipóteses: Innis é conhecido por sua teoria sobre o "viés do tempo e do espaço", na qual argumenta que os diferentes meios de comunicação moldam as sociedades de maneiras distintas. Meios que preservam informações por longos períodos, como o papiro e o pergaminho, criam sociedades focadas na continuidade e na tradição (viés do tempo), enquanto meios de disseminação rápida, como o rádio e a televisão, favorecem a expansão territorial e o controle (viés do espaço).

Legado: Innis influenciou diretamente McLuhan e nos deixou uma reflexão sobre como as tecnologias de comunicação podem centralizar ou descentralizar o poder. Suas ideias sobre como os meios moldam o tempo e o espaço continuam sendo essenciais para entender a evolução das mídias digitais e sua influência global.

Walter Benjamin (1892-1940): a cultura da reprodutibilidade técnica

Contexto e vida pessoal: Walter Benjamin nasceu em Berlim, em uma família judia de classe média alta. Ao longo de sua vida, ele mergulhou profundamente nas questões filosóficas e políticas do seu tempo, especialmente aquelas relacionadas à arte e à cultura. A ascensão do nazismo e a Segunda Guerra Mundial impactaram diretamente sua vida e seu pensamento, levando-o a se exilar na França, onde cometeu suicídio em 1940 enquanto fugia do regime.

Momento de mundo: Benjamin viveu no período entre guerras, quando as novas formas de comunicação de massa – como o cinema e o rádio – estavam se estabelecendo. Ele testemunhou a ascensão dos regimes fascistas na Europa e como a propaganda e as imagens eram usadas para manipular as massas.

Contribuições e hipóteses: em seu famoso ensaio *A obra de arte na era de sua reprodutibilidade técnica*, Benjamin argumentou que a reprodução em massa da arte, como no cinema e na fotografia, eliminava a "aura" única das obras de arte, mas ao mesmo tempo democratizava seu acesso. Ele alertou sobre os perigos do uso da mídia para fins políticos opressores, especialmente no contexto do fascismo.

Legado: a obra de Benjamin continua a ressoar, especialmente na era digital, em que a reprodução de imagens e conteúdos é mais rápida e acessível do que nunca. Ele nos lembra dos perigos e do potencial das mídias de massa na construção de narrativas culturais e políticas.

Susanne Langer (1895-1985): a filosofia dos símbolos

Contexto e vida pessoal: Susanne Langer foi uma filósofa americana que desafiou o domínio masculino da academia em seu tempo. Nascida em Manhattan, de origem judaica-alemã, ela desenvolveu uma paixão por filosofia e artes desde jovem. Sua curiosidade intelectual levou-a a Harvard, onde se destacou em um campo predominantemente masculino.

Momento de mundo: Langer vivenciou as duas guerras mundiais, períodos em que o mundo estava experimentando mudanças culturais e tecnológicas massivas. A introdução da fotografia, do cinema e do rádio criou uma nova paisagem simbólica e cultural, moldando as sociedades em maneiras sem precedentes.

Contribuições e hipóteses: Langer escreveu sobre o poder dos símbolos em nossa compreensão do mundo. Para ela, a arte e a música não eram apenas expressões emocionais, mas formas fundamentais de comunicação que estruturam nossa percepção da realidade. Seu livro *Filosofia em nova chave* argumenta que o pensamento simbólico é central para a experiência humana.

Legado: Langer abriu portas para uma compreensão mais profunda da comunicação não verbal e da arte como forma de mediação entre a realidade e o indivíduo. Seu pensamento continua relevante na era digital, em que a comunicação visual e simbólica está cada vez mais presente nas redes sociais e na internet.

Lewis Mumford (1895-1990): a megamáquina da tecnologia

Contexto e vida pessoal: nascido em Flushing, Nova York, Mumford cresceu em uma era de invenções tecnológicas que moldaram sua juventude. Ele sempre foi fascinado pela cidade e pela maneira como as tecnologias moldavam a vida urbana. Mumford foi criado por uma mãe solteira após a morte precoce de seu pai, e essa experiência pessoal de perda e adaptação permeou suas visões sobre as grandes forças tecnológicas que moldavam a sociedade.

Momento de mundo: o período da vida de Mumford foi marcado por transformações radicais. Ele testemunhou a ascensão do automóvel, do avião, da eletricidade e do rádio, além de vivenciar os horrores das guerras mundiais e da bomba atômica. A industrialização acelerada criou novas formas de organização urbana, e Mumford estava interessado em como essas mudanças tecnológicas estavam moldando a vida humana.

Contribuições e hipóteses: Mumford foi um dos primeiros a ver a tecnologia como uma "megamáquina" que estava reorganizando a sociedade. Em sua obra *Technics and Civilization*, ele sugeriu que a tecnologia não era neutra, mas moldava e controlava as sociedades em que era inserida. Ele criticava a mecanização e a desumanização que vinham com a industrialização e a tecnologia de massa. Para ele, as tecnologias de comunicação, como o rádio e a televisão, estavam criando uma sociedade de massa, na qual as decisões individuais estavam sendo sacrificadas para as grandes forças impessoais.

Legado: as ideias de Mumford sobre a "megamáquina" tecnológica ressoam na era digital, em que as grandes corporações tecnológicas moldam a maneira como vivemos, trabalhamos e nos comunicamos. O debate sobre a perda da privacidade, o impacto da automação e o controle das informações on-line reflete as preocupações de Mumford sobre as forças desumanizadoras da tecnologia de massa.

Édouard Glissant (1928-2011): crioulização e a aldeia global

Contexto e vida pessoal: nascido na Martinica, Glissant cresceu sob o domínio colonial francês, o que influenciou profundamente sua visão sobre identidade, cultura e poder. Ele era um intelectual que lutava para encontrar voz e identidade próprias em um mundo que estava em constante mudança e globalização. A experiência de viver entre culturas distintas – a europeia, a caribenha e a africana – fez com que Glissant se concentrasse na complexidade das interações culturais.

Momento de mundo: Glissant viveu durante o período de descolonização, quando as colônias europeias lutavam pela independência e buscavam redefinir suas identidades culturais. Esse contexto foi crucial para o desenvolvimento de sua noção de crioulização – o processo de fusão e transformação cultural.

Contribuições e hipóteses: Glissant argumentou que a globalização estava criando uma "mestiçagem" cultural que desafiava noções tradicionais de identidade. Ele via a comunicação de massa como uma força que tanto unia quanto homogeneizava as culturas. A ideia de Glissant de que a identidade cultural está em constante fluxo inspirou discussões sobre como a mídia de massa cria uma aldeia global, mas também pode apagar as diferenças culturais.

Legado: o trabalho de Glissant é relevante para o debate contemporâneo sobre identidade na era das mídias sociais, em que as fronteiras culturais estão constantemente sendo cruzadas e recriadas. Seu conceito de crioulização continua a inspirar debates sobre como a comunicação global pode tanto enriquecer quanto nivelar as diferenças culturais.

Frantz Fanon (1925-1961): o impacto psicológico da colonização

Contexto e vida pessoal: nascido na Martinica, Fanon foi criado em uma família de classe média durante a época do colonialismo francês. Ele estudou Medicina e Psiquiatria na França e se envolveu nas lutas anticoloniais, particularmente na Argélia, onde trabalhou como psiquiatra e revolucionário.

Momento de mundo: Fanon viveu em um período de crescente agitação anticolonial, quando muitas colônias africanas e caribenhas estavam lutando por sua independência. Ele testemunhou como as potências coloniais usavam a mídia para controlar as narrativas e perpetuar a dominação cultural.

Contribuições e hipóteses: Fanon teorizou que a colonização não era apenas física, mas também psicológica. Ele argumentou que os colonizadores usavam a mídia e a propaganda para perpetuar a inferioridade dos colonizados e a superioridade dos colonizadores. Ele via a comunicação de massa como uma ferramenta de controle e manipulação de identidades, algo que ecoa nas discussões contemporâneas sobre como a mídia molda a percepção pública.

Legado: Fanon continua sendo uma figura importante para quem estuda o papel da mídia na criação de identidades e no controle social. Em uma era de desinformação e manipulação de dados, as ideias de Fanon sobre o uso da comunicação de massa para dominar psicologicamente as populações ainda ressoam.

Vilém Flusser (1920-1991): o pensador da era digital

Contexto e vida pessoal: Vilém Flusser nasceu em uma família judaica em Praga e fugiu do nazismo, migrando para o Brasil, onde viveu por décadas. No Brasil, ele mergulhou no estudo da filosofia da comunicação, tornando-se um dos principais teóricos da mídia e da cultura digital.

Momento de mundo: Flusser viveu no pós-Segunda Guerra Mundial, uma época marcada pela reconstrução global, pelo avanço da televisão e pela chegada da cultura visual. Ele testemunhou a transição da era industrial para a era da informação.

Contribuições e hipóteses: Flusser foi um dos primeiros a teorizar sobre a comunicação na era digital, argumentando que as imagens e os meios tecnológicos não apenas reproduzem a realidade, mas também a constroem. Em obras como *Filosofia da caixa preta* e *O mundo codificado*, ele explicou como a fotografia e o vídeo estavam mudando a maneira como percebemos o mundo.

Legado: Flusser continua a ser uma referência nos estudos de comunicação digital. Ele nos ajudou a ver que a tecnologia não é apenas uma ferramenta, mas uma força ativa na criação da realidade. Suas ideias são fundamentais para entender a atual cultura digital e o papel das redes sociais.

Stuart Hall (1932-2014): mídia, cultura e identidade

Contexto e vida pessoal: Stuart Hall nasceu na Jamaica e se mudou para o Reino Unido, onde se tornou uma das principais vozes nos estudos culturais. Crescendo em uma sociedade colonial, ele desenvolveu uma forte consciência sobre questões de identidade, raça e poder, que se tornaram centrais em sua obra.

Momento de mundo: Hall viveu durante os movimentos de descolonização e o surgimento dos movimentos de direitos civis, feminismo e contracultura. Ele observou como a mídia de massa começava a moldar as identidades culturais em escala global.

Contribuições e hipóteses: Hall desenvolveu o conceito de "codificação e decodificação", que explica como as mensagens na mídia são criadas com certos significados, mas podem ser interpretadas de maneiras diferentes pelos receptores, dependendo de suas experiências e contextos culturais.

Legado: Stuart Hall foi pioneiro em mostrar como a mídia de massa constrói narrativas e molda identidades. Suas ideias continuam a informar o estudo da mídia, especialmente no contexto de como diferentes públicos interpretam as mesmas mensagens de maneiras diversas.

Hermano Vianna (1959-): cultura popular e mídia

Contexto e vida pessoal: Hermano Vianna é um antropólogo e estudioso da cultura popular brasileira. Ele cresceu no Rio de Janeiro durante a ditadura militar, período em que a cultura popular era muitas vezes marginalizada pelas elites.

Momento de mundo: Vianna testemunhou a transformação da música brasileira pela mídia de massa, especialmente por meio da televisão e do rádio. Ele foi um dos primeiros a perceber o potencial transformador do funk carioca e de outras expressões culturais marginalizadas.

Contribuições e hipóteses: Vianna argumenta que a cultura popular tem o poder de moldar as identidades e as narrativas nacionais. Ele trouxe o funk carioca para a grande mídia e ajudou a legitimar essa expressão como parte fundamental da cultura brasileira.

Legado: Hermano Vianna continua a ser um observador ativo da relação entre cultura e mídia no Brasil. Seu trabalho nos lembra que a mídia de massa pode ser uma ferramenta de transformação social e cultural, conectando pessoas de diferentes classes e comunidades.

Zygmunt Bauman (1925-2017): a modernidade líquida e a fragmentação da mídia

Contexto e vida pessoal: Zygmunt Bauman nasceu na Polônia e passou grande parte de sua vida acadêmica no Reino Unido. Tendo sobrevivido à Segunda Guerra Mundial e às perseguições antissemitas, Bauman dedicou-se a explorar as questões de identidade e modernidade.

Momento de mundo: Bauman viveu o período de maior transformação da modernidade, desde a reconstrução pós-guerra até a ascensão da globalização e da era digital. Ele testemunhou a fragmentação das sociedades e a crescente volatilidade das relações humanas.

Contribuições e hipóteses: Bauman desenvolveu o conceito de modernidade líquida, em que as relações sociais, econômicas e políticas são cada vez mais fluidas e instáveis. Ele argumentou que a comunicação de massa, especialmente na era digital, contribui para essa fragmentação e superficialidade.

Legado: as ideias de Bauman são essenciais para compreender a fragmentação e a volatilidade da comunicação contemporânea. Ele nos ajuda a refletir sobre a necessidade de conexões mais profundas e autênticas em uma era de distrações e interrupções constantes.

Gilberto Gil (1942-): tecnologia, liberdade e cultura digital

Contexto e vida pessoal: Gilberto Gil nasceu em Salvador, Bahia, e é uma das figuras mais icônicas da música e da cultura brasileira. Além de sua carreira musical de sucesso, Gil atuou como ministro da Cultura, promovendo a democratização da cultura e da tecnologia no Brasil.

Momento de mundo: Gil viveu durante a ditadura militar no Brasil, período de intensa repressão cultural. No entanto, ele também foi uma das vozes mais ativas no movimento tropicalista, que desafiou as normas culturais e abriu caminho para uma nova era de expressão cultural.

Contribuições e hipóteses: como ministro da Cultura, Gil promoveu o conceito de "cultura digital" e defendeu o software livre. Ele acreditava que a tecnologia deveria ser usada como uma ferramenta para democratizar o acesso à cultura e conectar as pessoas de maneira mais profunda.

Legado: Gil continua sendo uma das vozes mais importantes na defesa de uma comunicação aberta e acessível. Sua visão de uma cultura digital livre e colaborativa ressoa em uma era na qual a tecnologia desempenha um papel cada vez mais central na comunicação e na formação de identidades culturais.

Byung-Chul Han (1959-): uma visão contemporânea da atenção

Contexto e vida pessoal: Byung-Chul Han nasceu na Coreia do Sul, e sua trajetória é marcada por uma transformação pessoal e cultural significativa. Inicialmente estudante de metalurgia, Han se mudou para a Alemanha nos anos 1980, onde encontrou seu caminho na filosofia, literatura alemã e teologia católica. Essa transição para o Ocidente foi um divisor de águas em sua vida, moldando a forma como ele pensava sobre o mundo. Em sua obra, ele carrega o peso de duas tradições – a ocidental, herdada de grandes filósofos como Heidegger e Foucault, e a oriental, marcada por sua proximidade com o taoismo e o budismo. Esse cruzamento entre culturas e escolas de pensamento faz de Han uma figura singular no cenário filosófico contemporâneo, capaz de observar a modernidade sob um prisma único e crítico.

Momento de mundo: o auge da produção intelectual de Byung-Chul Han coincidiu com a ascensão da era digital, marcada pela internet e pelas redes sociais, que transformaram profundamente a sociedade e as interações humanas. Com o mundo mergulhado em uma nova forma de capitalismo, na qual o valor não está mais na produção industrial, e sim na produção de atenção e dados, Han emerge como uma das vozes mais críticas dessa transição. Nos anos 2000, ele viu o nascimento de uma sociedade na qual a produtividade, o desempenho e a hiperconectividade se tornaram não apenas expectativas, mas quase exigências para o indivíduo moderno. Esse é o cenário que forma a base para suas análises sobre a "sociedade do cansaço" e a "sociedade da transparência".

Contribuições e hipóteses: em sua obra mais conhecida, *A sociedade do cansaço*, Han argumenta que o capitalismo moderno não mais controla as pessoas por meio da repressão externa, mas sim pela autoexploração. Ele defende que a sociedade contemporânea é de desempenho, na qual as pessoas são levadas a se explorarem constantemente, buscando serem mais produtivas, mais visíveis e mais eficientes, resultando em esgotamento emocional e físico. Em *A sociedade da transparência* ele vai além, sugerindo que a busca incessante pela exposição e pela visibilidade, especialmente nas redes sociais, cria uma superficialidade nas relações e um esvaziamento da experiência humana. Han sugere que a privacidade e o anonimato estão sendo sacrificados em nome de uma transparência total que, longe de nos conectar de maneira mais profunda, nos deixa mais vulneráveis e desgastados.

Legado: o legado de Byung-Chul Han reside em sua capacidade de conectar questões filosóficas atemporais com os desafios específicos da era digital. Sua crítica à hiperconectividade, ao desempenho constante e à transparência ressoa fortemente em debates atuais sobre saúde mental, burnout e o impacto das redes sociais. Em uma era na qual a atenção se tornou uma mercadoria valiosa, Han nos faz refletir sobre o custo dessa dinâmica para nossa humanidade. Ele nos desafia a reconsiderar a liberdade, o descanso e a profundidade das relações em um mundo onde somos constantemente pressionados a produzir, performar e sermos visíveis. No contexto deste livro, suas ideias reforçam o poder de captura da atenção, mas nos lembram dos perigos que vêm junto com essa capacidade, trazendo à tona a necessidade de repensar como engajamos com a comunicação e o público, sem perder de vista o que nos torna verdadeiramente humanos.

AGRADECIMENTO FINAL: UMA NOVA ERA DA COMUNICAÇÃO

Esses pioneiros nos ensinaram que a comunicação de massa é muito mais do que uma troca de informações. Ela é uma força que molda identidades, cria realidades e, quando usada corretamente, tem o poder de conectar as pessoas de maneiras profundas e autênticas. À medida que continuamos nossa jornada, tentando construir uma comunicação que não interrompa, mas que respeite, lembremos dessas mentes brilhantes e das lições que nos deixaram.

Eles são os guardiões de um conhecimento que continua a nos guiar, mostrando que o verdadeiro poder da comunicação está em sua capacidade de unir, e não de fragmentar. Eles nos inspiram a criar um mundo onde a mensagem não precisa interromper para ser ouvida; um mundo onde as conexões são reais, porque nascem de uma comunicação que respeita o ser humano.

Este capítulo não é apenas um tributo ao passado, mas um guia para o futuro. Que possamos aprender com esses mestres, para que nossas mensagens fluam, sem ruído, e toquem as pessoas de verdade.